# SchulSpott

## Karikaturen aus 2500 Jahren Pädagogik

Gesammelt von
Michael Klant

W0418309

Fackel
träger

Die Mitarbeiter der Universitätsbibliothek Heidelberg und Peter Seifried, Hannover, haben mit ihrem Engagement dieses Buch ermöglicht.
Ihnen und allen Freunden, die mitgeholfen haben zu recherchieren, auszuwählen und zu übersetzen, möchte ich ganz herzlich danken; so: Hannes, Paul, Klaus, Ali und Susanne, ganz besonders aber Annemie, Gerhard und Jeanette.

© 1983 Fackelträger-Verlag GmbH, Hannover.
Alle Rechte vorbehalten.
Nachdruck – auch auszugsweise – nur mit Genehmigung des Verlages.
Druck: ova, Hof/Saale
Printed in Germany 1983
ISBN 3-7716-1434-1

CIP-Kurztitelaufnahme der Deutschen Bibliothek

*Schulspott:* Karikaturen aus 2500 Jahren Pädagogik / ges. von Michael Klant. –
Hannover: Fackelträger-Verlag, 1983.
ISBN 3-7716-1434-1

NE: Klant, Michael (Hrsg.)

# Inhalt

# Zu diesem Buch

Es ist viel leichter, die komische Wirkung der *Karikatur* als die der bloßen Nachahmung zu ergründen. Karikatur, Parodie und Travestie, sowie deren praktisches Gegenstück: die Entlarvung, richten sich gegen Personen und Objekte, die Autorität und Respekt beanspruchen, in irgendeinem Sinne *erhaben* sind. Es sind Verfahren zur Herabsetzung, wie der glückliche Ausdruck der deutschen Sprache besagt.
(Sigmund Freud, Der Witz und seine Beziehung zum Unbewußten, 1905).

Wer sich hier nicht wiederfindet, der hat seine ganze Schulzeit verschlafen! Denn betroffen sind wir alle von dem Zerrspiegel, den die Schulkarikatur uns vorhält, sei es noch jetzt in der direkten Konfrontation mit dem Schulalltag oder in unserer Erinnerung und Erfahrung.
Da wir aber mit dem Künstler und seiner Karikatur an einem »Verfahren zur Herabsetzung« teilhaben, gibt sie uns auch die Möglichkeit, den gezeichneten Situationen und Physiognomien gewissermaßen überlegen ins Gesicht zu schauen. So entsteht das erlösende Lachen dann auch aus dieser gleichzeitigen Betroffenheit und Überlegenheit:
Lachen als Befreiung, als Gegensatz der Verschulung. Kann uns daran jemand hindern?
Einen Beitrag, den schulischen Problemen mit etwas mehr Lachen zu begegnen, möchte ich mit der hier vorliegenden Anthologie liefern.
Zugunsten einer besseren Lesbarkeit sind die Bilder vorwiegend chronologisch aufgebaut, innerhalb dieser zeitlichen Abfolge wiederum thematisch gruppiert.

*1* Th. Th. Heine, Fortschritt im Schulwesen, 1911

Die Auswahl bezog sich hauptsächlich auf den deutschen Raum, enthält aber auch einige Bilder aus anderen Ländern, wenn sich Parallelen anbieten. An ihnen läßt sich auch gut aufzeigen, wie gleichlautend, ja man könnte fast sagen: verbindlich die Sprache der Schulkarikatur ist.
Ihre Ausdrucksweise ist ebenso tendenziös. Aus diesem Grund läßt sich auch die Erziehungsgeschichte fast durchgängig mit Karikaturen illustrieren, aber nicht umgekehrt aus ihnen die Erziehungsgeschichte schreiben. Dazu arbeitet der satirische Zeichner zu punktuell – er kann nur das für seine Karikatur herausgreifen, was ihm auch Angriffsfläche bietet. Die hier vorgestellte Sammlung aus einem schier unerschöpflichen Materialangebot deutet daher eher stichpunktartig als abgeschlossen auf schul- und damit sozialgeschichtliche Umstände hin.
Es gehört zum Wesen der Karikatur, daß sie ihre Bedeutung gewissermaßen schlagartig mitteilt. Deshalb können sich diese Spottbilder auf die Schule zum großen Teil auch ohne Erklärungen behaupten und – vor allem – Spaß machen.

## Die Schulkarikatur als Sonderform

Wenn im folgenden trotzdem einige kurze allgemeintheoretische Überlegungen dem Bildteil vorauslaufen, hat dies seinen Grund darin, daß die Karikatur ihre eigene Sprache, in denen zum Thema Schule, wie sich an den Bildern zeigt, sogar ihre eigene, im steten Prozeß begriffene Ikonografie aufweist. Als Beispiel hierfür mag die in frühen Karikaturen so häufig auftauchende Rute gelten, die später vom pädagogischen Zeigefinger abgelöst wird.

An solchen Entwicklungen liegt es auch, daß einige der älteren Bilder ihren Witz gar nicht mehr vollständig mitteilen, wie etwa bei Goyas »Eselschule«, die auf die politischen Verhältnisse in Spanien gemünzt war (Abb. 13); umgekehrt aber auch dort in ihrer überkommenen Darstellungsweise komisch wirken können, wo sie nicht so gemeint waren, wie z. B. bei den Züchtigungsszenen des Mittelalters.

Man hat in diesem Zusammenhang häufig von der »Lehrerkarikatur« gesprochen und dabei nicht beachtet, daß der Lehrer ja ohne seinen direkten Gegenpart, den Schüler, gar nicht ge-

*2* Peter Gaymann, 1981

sehen werden kann. Beide bedingen und bedürfen einander, der eine ist ohne den anderen nicht denkbar.

Aus dem solchermaßen festgelegten Verhältnis zwischen diesen beiden wird die Verschiebung der Begriffe für die Schulspottbilder auch schon teilweise deutlich. Zieht man nämlich in Betracht, daß Karikaturen üblicherweise kategorisiert werden in

*Satiren* (politisch-religiös-gesellschaftskritisch),

*humoristische Zeichnungen* (harmlos-situationskomisch-parodistisch)

und die verwandten Formen

*Grotesken* (phantastisch-artistisch)

und

*physiognomische Studien* (künstlerisch-wissenschaftlich-psychologisch),

so zeigt sich, daß viele der vordergründig nicht-satirischen Arbeiten hier deutlich in Richtung der Satire tendieren und das scheinbare Harmlose eine gesellschaftliche Dimension aufweist.

Chor der Lehrer: Möchten doch die Parteien bald darüber einig werden, welche von ihnen uns am meisten wohl will, damit vielleicht noch bei unseren Lebzeiten etwas für uns geschieht.

*3* Anonym, 1888

Die hierarchischen Verhältnisse zwischen Lehrer und Schüler bleiben nämlich auch noch einer humoristischen Karikatur erhalten, und allein in der Physiognomie eines Schulmeisters kann sich die ganze Qual seines Berufsstandes verbildlichen.
Wenn bei Schulkarikaturen also fast immer ein gesellschaftskritisch-satirischer Unterton mitschwingt, dann um so mehr noch deshalb, weil der angeblich stärkere von den beiden Kontrahenten des Klassenzimmers ja selbst nur das Organ eines Systems ist, in dessen Hierarchie er ganz weit unten steht. Die folgenden, im 17. Jahrhundert üblichen Benennungen können dieses treffend verdeutlichen: Dort hießt der nächste nach dem Rektor nämlich *Supremus,* ihm folgten der *Tertius,* der *Quartus* und so fort.

*4* Marie Marcks, 1978

Mehr denn je äußern sich solche Hierarchien heute auch auf der untersten Ebene, der des Schülers.
Behalten wir also diese grundsätzliche Tendenz zur Satire, durchaus auch im wertenden Sinn, im Auge, wenn in den folgenden Ausführungen die üblichen Begriffe wiederverwendet werden, um (in einer künstlichen Trennung) aufzuzeigen, welche Inhalte sich in den einzelnen Formen der Schulkarikatur finden lassen.

5 Hogli, 1980

Zum *satirischen* Bereich der Schulkarikatur gehören all jene Bilder, die sich als aktuelle Kritiken verstehen lassen, sich sozusagen am Tagesgeschehen orientieren. Als Beispiele unter vielen anderen sind die Karikaturen auf die neuen Lehrmethoden der Aufklärung, oder viele jüngste Arbeiten, wie die zur Lehrerschwemme von Haitzinger (Abb. 175) hier anzusiedeln. Eine Sonderstellung bei den satirischen Bildern auf die Schule nehmen die »politischen Zitate aus der Schulstube« ein, die sich zwar nicht direkt an die Schule wenden, trotzdem aber einiges über das Bild der Schule in der Öffentlichkeit mitteilen und es auf diesem Umweg natürlich auch mit prägen.

Im Gegensatz zu solchen zeitgebundenen Karikaturen zeigen sich die *humoristischen* zunächst zeitlos. Sie sind auch ohne den historischen Kontext verständlich und spielen häufig auf die Machtverhältnisse im Klassenzimmer an, wenn es beispielsweise um Auflehnung oder Bestrafung geht. Manchmal fehlt ihnen allerdings das politische Engagement nur scheinbar – für einen Künstler wie Honoré Daumier war das Ausweichen auf derartige Karikaturen unter dem Druck der Pressezensur seiner Zeit unumgänglich.

Im Bereich der *Groteske* finden wir hauptsächlich das Mittel des Mensch-Tier-Vergleichs. Während dieser im frühen Mittelalter auf einer verbindlichen Tiersymbolik beruhte, die es erlaubte, kritische Argumente vorzutragen, wird er spätestens bei einigen Bildern Grandvilles zum Selbstzweck, verläßt den herkömmlichen Bedeutungsrahmen und schafft neue Zusammenhänge.

Karikaturen in der Form von *physiognomischen Studien* sind Bestandteil fast aller hier vorgestellten Bilder. Sie untermalen und veranschaulichen damit die Gesamtaussage eines Themas, treten z. T. aber auch ohne einen solchen situativen Kontext als selbständiges Bild auf. Wilhelm Buschs Lehrer Lämpel mag hier als Beispiel gelten (Abb. 59).

Unter den vielen Eigenheiten der Schulkarikatur taucht neben den erwähnten Arten noch eine Sonderform auf, die sich zunächst gar nicht als Karikatur versteht, im Bereich der Schulabbildungen jedoch offensichtlich dorthin abgleitet: Das *Genrebild.* Eigentlich als Abbild von alltäglichen Situationen und als Gegensatz zur idealisierenden Malerei gedacht, scheint sich der Genremaler gezwungen zu sehen, die Schulwirklichkeit in ihrer ganzen Situationskomik zu zeigen. Ein Beweis mehr, wie nahe sich doch Karikatur und Schule sind.

# VON DEN GRIECHEN BIS ZUM FRÜHEN MITTELALTER

## Pädagogischer Zeigefinger und Wolfsschule

Schulkarikaturen gibt es, seit es Unterrichtssituationen gibt! Obgleich vielfach darauf hingewiesen wurde, daß der vom lateinischen *caricare* (= überladen, überfrachten) gebildete Begriff der Karikatur erst im Zusammenhang mit den Arbeiten der Brüder Carracci im späten 16. Jahrhundert entstanden ist, so bedeutet dies doch nicht, daß es vorher keine Karikaturen gegeben hat. Diese lassen sich bis in das Neue Reich Ägyptens zurückverfolgen; auch die Griechen hatten in dem Wort *Gryllos* schon ihre Bezeichnung für die Karikatur, und das lateinische *satura lanx* lebt in unserem Ausdruck »Satire« weiter.

Das Besondere an solchen »Vorläufern« der Karikatur ist allerdings, daß sie nicht in der Form der reproduzierbaren Druckgrafik im Umlauf waren, die erst der Holzschnitt des späten Mittelalters eröffnete. Unter diesem Gesichtspunkt muß man die in diesem Abschnitt vorgestellten Werke als Unikate betrachten, deren Wirkungskreis vergleichsweise beschränkt blieb.

Thematisch jedoch stehen diese frühen Arbeiten kaum zurück, bleiben zum Teil sogar bis in unsere Zeit richtungsweisend. Es finden sich hier bereits Darstellungen der Schulstrafe, sogar der pädagogische Zeigefinger; später dann Angriffe auf den kirchlichen Unterricht. Als formales Mittel taucht die Tiertravestie bereits sehr früh auf, und auch Häuserwände werden schon als Medium genutzt.

Lassen sich antike Schulkarikaturen nur vereinzelt nachweisen, so übt das frühe Mittelalter die Abbildung des Spotts schon fleißiger. Die satirischen Darstellungen dieser Zeit, die häufig als in Stein gehauene Reliefs an den Kirchen oder auch als handgemalte Buchillustrationen vorkommen, arbeiten fast ausschießlich mit dem Mensch-Tier-Vergleich. Immer wieder auftauchende Beispiele sind dabei die Fuchs-Gänse-Predigt und der Wolf in der Mönchskutte.

Inwiefern läßt sich nun von diesen eigentlich kirchlichen Darstellungen auch auf Satiren über die Schule schließen? Tatsächlich existieren Schulen zunächst nur in der Form von Dom-, Stifts-, Kloster- und Pfarrschulen, deren Ziel natürlich erst einmal die Verbreitung des Glaubens ist, und nicht ein Realienunterricht, der sich an Sachzwängen ausrichtet. Wissenschaft und Schrifttum finden sich in den Klöstern – vor Gutenbergs revolutionärer Erfindung des Buchdrucks ist eine weitere Verbreitung auch schlecht möglich. Kirche und Schule können zu diesem Zeitpunkt also nicht als zwei getrennte Dinge gesehen werden, und Angriffe auf die Kirche gelten somit indirekt deren Schulwesen.

Die Emanzipation der Städter vom kirchlichen Monopol auf die Bildung beginnt im 13. Jahrhundert mit der Institution der Stadtschulen. Aus diesem Bestreben sollte sich der Schulstreit des Mittelalters entwickeln.

*6* Panaitiosmaler, Inneres einer Schale, um 500 v. Chr.. Die ganze Spannung in der vorgebeugten Haltung des griechischen Lehrmeisters läuft auf die Hand mit dem Schreibgriffel zu und konzentriert sich in der Spitze seines pädagogischen Zeigefingers.

7 Anonym, um 150 v. Chr. Der Mensch-Tier-Vergleich ist nach Aristoteles die wirkungsvollste Möglichkeit, charakterliche Untersuchungen zu betreiben. So sind denn die Schüler mit ihren Schreibtafeln auf diesem Relief als Affen, der Lehrer mit seinem Schlagriemen als Esel dargestellt. So stehen beide einander kaum nach, denn Esel als auch Affen galten als dumm und obendrein noch als frech. Daß es sich letztendlich doch um eine Lehrerverspottung handelt, geht daraus hervor, daß die Bezeichnung »Esel« schon in der Antike als Schimpfwort galt.

*8* Anonym, um 150 n. Chr.. Der Text unter dem Esel, der im immer gleichen Trott den Mühlstein dreht, lautet: »Labora, aselle, quomodo ego laboravi, et proderit tibi.« »Schufte, Esel, wie ich es getan habe, und lasse es dir wohlergehen.«

*9* Burgundischer Meister, um 1205. Eine moralisierende Fortsetzungsgeschichte in zwei Bildern erzählt dieses Relief: Im ersten Abschnitt bekommt der Schüler in Wolfsgestalt, bekleidet mit der Mönchskutte, Unterricht im Lesen von einem Mönch, zieht es offensichtlich aber vor, sich mit bleckendem Gebiß nach dem Widder hinter ihm umzudrehen. Als er dann den Widder reißt, wird er vom Mönch mit der Rute gezüchtigt.

# VOM SPÄTEN MITTELALTER BIS ZUR AUFKLÄRUNG

## Der Esel der Klasse

Die Situation gegen Ende des Mittelalters zeigt neben den bis dahin existenten Formen der kirchlichen Schuleinrichtungen eine herangewachsene Zahl von Stadt- und Ratsschulen, auch Klipp- oder Winkelschulen genannt, die sich zum Teil an Pfarrkirchen anlehnen und weiterhin allein das Latein als Unterrichtssprache zulassen. Da es kaum jemand fließend und richtig beherrscht, es nach Luther bezeichnenderweise auch eher Eselsmist denn einer Sprache ähnelt, behilft man sich oft mit dem sogenannten Küchenlatein – eine Erfindung der Lehrer oder der Schüler?
Auch einige deutschsprachige Schulen mit ihren »Deutschen Schulmeistern« treten jetzt als Konkurrenz auf und lehren statt der lateinischen Grammatik Schreiben, Lesen und Rechnen. In den Schulstuben hängt als Zuchtmittel das Bild eines Esels, das jeden Tag einem neuen Klassenletzten umgehängt wird und auch dann den Besitzer wechselt, wenn jemand gegen die Regeln verstößt, etwa in den Lateinstunden verbotenerweise deutsch redet. Der Klassenesel als Spottmittel hat viele Formen, so gibt es ihn als Holzgestell, auf das sich der betreffende Schüler setzen muß. Er hat sich als Strafe bis in das späte 19. Jahrhundert gehalten, und noch 1906 findet man ihn als Exportware in einer deutschen Kolonialschule in Afrika.

*10* Anonym, 1479

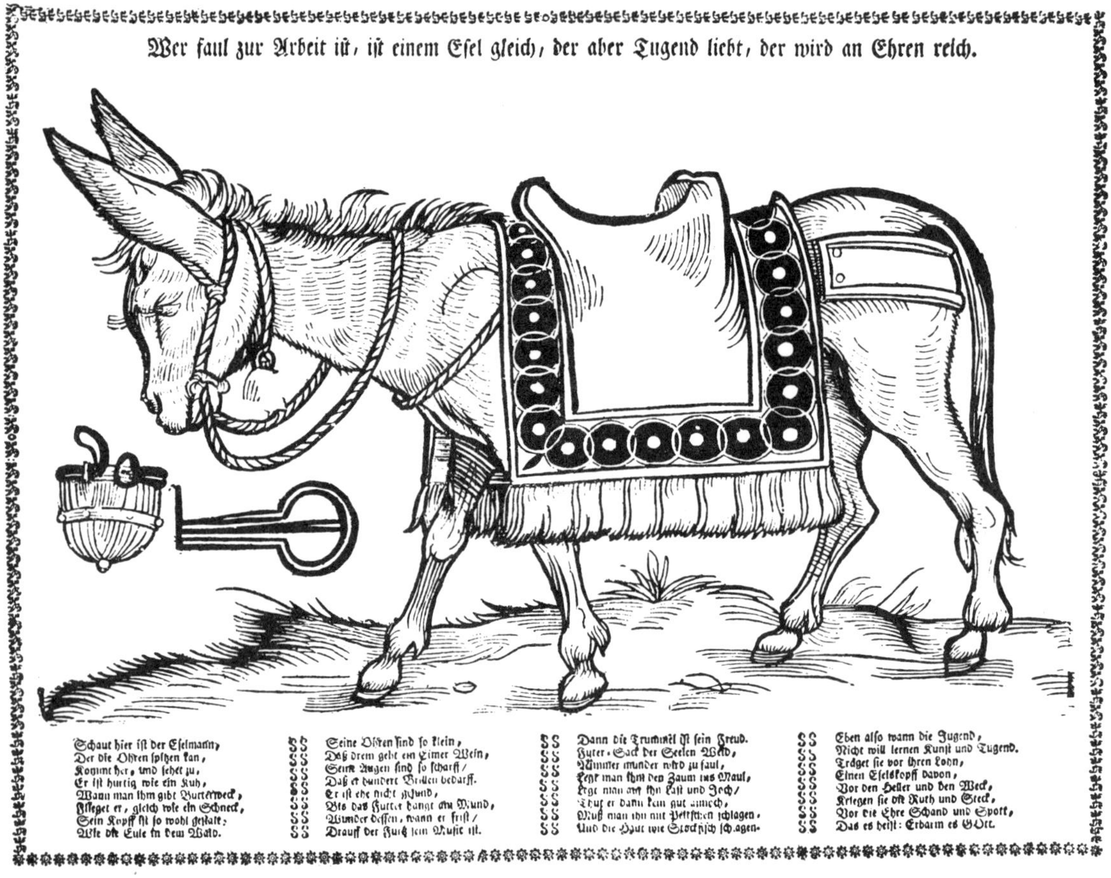


*11* Anonym, 17. Jahrhundert. Die letzte Strophe sagt, wer mit dem Esel gemeint ist:

Eben also wann die Jugend,
Nicht will lernen Kunst und Tugend,
Träget sie vor ihren Lohn,
Einen Eselskopff davon,
Vor den Heller und den Weck,
Kriegen sie oft Ruth und Steck,
Vor die Ehre Schand und Spott,
Das es heist: Erbarm es GOtt.

*12* P. van der Heyden (nach Pieter Brueghel d. Ä.), 1557. »Geht auch der Esel in die Schule um zu lernen, bleibt er doch dumm und kann kein Pferd rauskehren.«

## Die Evolution im Schulzoo bis heute

Obgleich das Mittel der Tiertravestie und mit ihm die entsprechende literarische Form der Fabel im 17. und 18. Jahrhundert in Vergessenheit zu geraten scheinen, taucht es doch gestärkt wieder auf, als die politische Lage in Europa sich mit der Französischen Revolution von 1789 zu entstabilisieren beginnt. Goyas »Caprichos«, aus denen das Blatt mit der »Eselschule« stammt, entstehen nur zehn Jahre später. Der Liebling unter den spanischen Hofmalern zeigt in diesen Angriffen auf das spanische Königshaus seine Sympathie mit den französischen Aufklärern.

Bleibt Goya mit dieser Arbeit noch einer traditionellen Symbolik verhaftet, variiert Grandville bereits 1829 in den »Métamorphoses du Jour« die gesamte Tierwelt. Trotz aller Phantasie fällt es aber auch diesem größten Zeichner der Mensch-Tier-Karikatur schwer, für den Lehrer einmal ein anderes Tier als den Esel zu finden. Eine dieser seltenen Abweichungen findet sich im »Staats- und Familienleben der Tiere«. Gleichzeitig mit der deutschen Übersetzung dieses Werkes kommen auch Kaulbachs Illustrationen zu Goethes »Reineke Fuchs« heraus, die zwar eher traditionell vorgehen, jedoch von äußerster Bissigkeit zeugen.

Der Elefant hat seinen Auftritt im Klassenzimmer erst zu Wilhelm Buschs Zeiten, und man darf annehmen, daß Hans Traxler demselben keine Chance gegen den Goldfisch gibt.

*13* Francesco de Goya, 1799

*14* Wilhelm von Kaulbach, 1846

LXIII.

L'ÉCOLIER. Indicatif présent : Je m'ennuie.
LE MAÎTRE. Tu t'ennuies.
L'ÉCOLIER. Vous m'ennuy.....
LE MAÎTRE. Pas cela.
L'ÉCOLIER. Nous nous ennuyons,
Vous nous ennuyez.

*15* Grandville, 1829. Schüler: Indikativ Präsens, Ich langweile mich. Lehrer: Du langweilst dich. Schüler: Sie langweilen m .... Lehrer: Falsch! Schüler: Wir langweilen uns, Sie langweilen uns.

*16* Grandville, Das Lehrfach, welches darin besteht, die Zöglinge ins Freie zu führen, 1842

**Der *E*sel ist ein dummes Tier,**
**Der *E*lefant kann nichts dafür.**

*17* Wilhelm Busch, 1860

*18* Johannes Hickel, Gefährlicher Typ, 1980

*19* Hans Traxler, Chancengleichheit, 1975

## Schulform ohne Norm

Das späte Mittelalter und die Reformationszeit kommen auch schon ohne die Tiertravestie aus, wenn es darum geht, Unmut über schulische Zustände kundzutun. Zwar erübrigt sich dieses Mittel der Satire, das eine der schärfsten Waffen des frühen Mittelalters war, nicht gänzlich, macht jedoch mehr und mehr Karikaturen Platz, die ihr Ziel mit gestischen und mimischen Darstellungen verfolgen.

Sie müssen ihren Spott auch nicht länger allein auf die Kirche als Schulträger richten, da die Vertreter des weltlichen Schulwesens als Konkurrenz auftreten und in der Form von Stadt- und Ratsschulen immer mehr um sich greifen. Damit ergibt sich für die Schulkarikatur auch nicht mehr nur der prinzipiell gemeinte Angriff auf Schule oder Schulmeister, so daß die in Holzschnitten und Kupferstichen verbreiteten Bilder jetzt bereits individuelle Züge erkennen lassen können.

Doch gibt es Schulen in dieser Zeit nicht nur als feste Institutionen: Weit verbreitet sind seit dem frühem Mittelalter auch die fahrenden Scholaren, die sich als Studierte oder auch noch Studierende ihr Brot damit verdienen, daß sie von Ort zu Ort ziehen und ihre Schreib- und Pädagogendienste anbieten. Sie führen »Schützen« bei sich, junge Schüler, die den älteren mit auf den Weg gegeben werden, um etwas zu lernen, letztendlich aber oft nur für diese betteln, stehlen oder mit Steinen nach Gänsen »schießen« müssen. Aus dieser eigenartigen Schulform des Mittelalters läßt sich noch heute unser »Abc-Schütze« ableiten.

Der gute Ruf der Vaganten als Verbreiter der christlichen Lehren *(clerici vaganti)* soll sich bald ändern. Als das Vagantentum entartet, kommt es mit den Verfolgungen auch zu den vielen Spottbildern auf die Völlerei, den unsittlichen Lebenswandel und die Not der Fahrenden.

*Forsan ab indocto si i edoceare magistro,*
Ist dein Meister nicht Künsten frey/
So such dir ein der gelehrter sey.

*Fac alium quæras, sedulus esto tamen.*
Man heist den Meister ungelehrt/
So der Schüler kein fleiß ankehrt.

*20* Trostspiegel-Meister, frühes 16. Jahrhundert. Entsetzt stößt der Schulmeister das Buch vom Katheder. Woher hat er plötzlich die Narrenkappe? Haben ihn die Schüler verhext? Das Handzeichen, das sie ihm entgegenhalten, erinnert stark an die Darstellung des Teufels mit den Hörnern und dem zweizackigen Spieß: Schwarze Magie im Klassenzimmer!

Est iter incertum iuuenis quo protrahat æta/ Ingenium felix ad mala sæpe ruit.

Hastu ein Jünger gschickt vnd glehrt/
Der mag noch werden wol verkehrt.
Die Sach nicht allweg wol gerath/
Wann man schon Müh vnd Arbeit hat.

*21* Trostspiegel-Meister, frühes 16. Jahrhundert. Während die wütenden Schulknaben ihre Bücher zerstören, hält sich der magenkranke Schulmeister im Bade den Bauch, läßt aber seinen Stock dabei nicht los. Ein Ritter und ein Kardinal als die Vertreter der weltlichen und kirchlichen Macht an seiner Seite entrüsten sich mit ihm.

Ist's nicht eyn elender Jammer bisher gewesen, das eyn Knabe hat müssen zwantzig Jar oder lenger studiren, alleyn das er so viel böses Latein hat gelernt, das er mocht Pfaff werden und Meß lesen? ... Solche Lerer und Meyster haben wyr müssen allenthalben haben, die selbs nichts gekundt und nichts Guts noch Rechts haben mögen leren, ja auch die Weyse nicht gewißt, wie man doch lernen und leren sollte.
Martin Luther, An die Ratsherren aller Städte Deutschlands.

*22* Albrecht Dürer, 1510. Ein Lehrer erteilt seinen Schülern moralisierende Lebensregeln. Vermutlich handelt es sich um eine Selbstkarikatur Dürers als Schulmeister.

Der Schüler im Vordergrund trägt am Gürtel die »penna«, lateinisch für die Schreibfeder, von der sich in unserem heutigen Sprachgebrauch noch die »Penne« und der »Pennäler« erhalten haben.

*23* Jost Ammann, Kämpfende Schulknaben, spätes 16. Jahrhundert

## Fahrende Schüler (um 1500).

### Thomas Platter.

Thomas Platters Lebensbeschreibung, hrsg. v. Otto Fischer. München 1911, M. Mörike.

Während wir nämlich so auf der Reise waren, und man denn allerlei redete, sagten die Bacchanten zusammen, wie es in Meißen und Schlesien der Brauch wäre, daß die Schüler dürften Gänse und Enten und andre solche Speise rauben, und täte man einem nichts dafür, wenn man dem entronnen, dessen die Sache gewesen wäre.

Eines Tages waren wir nicht weit von einem Dorf, da war ein großer Haufen Gänse beieinander und war der Hirt nicht dabei — denn ein jeglich Dorf hatte einen eigenen Gänsehirten —, der war ziemlich weit von den Gänsen bei dem Kuhhirt. Da fragte ich meine Gesellen, die Schützen: „Wann sind wir in Meißen, daß ich darf Gänse zu Tod werfen?" Sprachen sie: „Jetzt sind wir drin." Da nahm ich einen Stein, warf nach einer, traf sie ans Bein, die andern flogen davon, die hinkende aber konnte nicht aufkommen. Da nahm ich noch einen Stein, traf sie an den Kopf, daß sie niederfiel. Da lief ich hinzu und erwischte die Gans beim Kragen, und unter das Röcklein damit, und ging die Straße durch das Dorf. Da kam der Gänsehirt hinterher gelaufen, schreiend: „Der Bub hat mir eine Gans geraubt." Ich und meine Mitschützen flohen, und der Gans hingen die Füße unter dem Röcklein hervor. Die Bauern kamen hervor mit Spießen, die sie werfen konnten, und liefen uns nach. Da ich sah, daß ich mit der Gans nicht entrinnen konnte, ließ ich sie fallen; vor dem Dorf sprang ich ab dem Wege in ein Gebüsch, meiner Gesellen zwei aber liefen der Straße nach, die ereilten zwei Bauern. Da fielen sie nieder auf die Knie und begehrten Gnade, sie hätten ihnen keinen Schaden getan, und da auch die Bauern sahen, daß sie nicht die waren, der die Gans hatte fallen lassen, gingen sie wieder in das Dorf und nahmen die Gans.

Zů singen wol ist unser füg
Dar zů so send wir gschickt und clůg
Hoch und nider künd wir steigen
Gleich wie ain esel auf der geigen

Disser hept/ so wirft der drein
Roß quinten was mag suesser sein
Ut. iß. re. du mi den fa. dreck
sol. la fur würst/ und schweine speck

*24* Leonhart Beck, 1521. Das Singen geistlicher Lieder war eine Form des Bettelns der umherziehenden Schüler, die sich zu Gruppen von solchen »Partekenhengsten« (Diminutiv von pars = Teil) zusammenschlossen. Auch Luther hat nach Selbstzeugnissen einmal zu ihnen gehört.

# Ermanung für die Jugend.

O Wee dem man Jung vnbesint
Der mehr verthût dañ er gewind/
Mûß der darnach denn bleiben Arm
Man finde nit vil die es erbarm.

Das ich hie also nacket ston
Vnd in dem lande mûß betlē gon
Das hat die alchamey gethon
Die wolt ich mir nit weren lon.

Do ich jung was/ sach ich nit an
Die straff/ vñ kert mich nit daran
Vnd das ich nichts gelernet han
Des bin ich jetz ein bettelmann.

Vor zeyten do ich dienen solt
Was ich Pfaffen vñ Leyen holt
Ein jeder fürt mich wo er wolt
Des nim ich jetz den betler solt.

Mein vatter schickt mich auß zů ler
Ich solt werden ein grosser Herr
Ich hab verlassen nutz vnnd eer
Der betler wesen ich mich neer.

Ich bůlt gieng hüpschē frawē noch
Biß man mir als mein gůt ab zoch
Des mûß ich jetzund leiden schmoch
Billich trag ich der betler roch.

An allen diensten was ich treg
Faul vñ vngehorsam allweg (pfleg
Meins man's vnd dienst het ich nit
Des gehe ich jetz den betler steg.

Zů spilen stůn' all mein begir
Würffel vnd karten liebten mir
Es bringt mir kein nutz dz ich spür
Groß armůt ligt mir vor der thür.

Allweg man mir zů en eeren riet
Es halff an mir kein straff noch gůt
Darumb ich mich groß armůt niet
Ich geh vnnd sing der betler lied.

Allzeit lag ich in allem praß (gbaß
Wer wol hauß hielt dem was ich
In mir gar nie kein sparen was
Jetz sitz ich an der betler straß.

Ich wolt bey allen meinen tagen
Vil fechten vñ mit jedem schlagen
Mit vbermůt groß lob erjagen
Des mûß ich den bettel sack tragē.

Ich wolt allzeyt in meinem hauß
Vol sein vnd leben in dem sauß
Vnd wolt die reychen zeren auß
Des beißt mich jetz die bettel lauß.

Ob ich schon bettel dz sind nit mär
Ich habs ererbt von alter här
Darumb ist es mir nit so schwer.
Als ob ich reych gewesen wer.

## Beschluß.

Dz mancher vmbs Almůsen gond
Darzů bringt in des hunger noht
Es seyen Frawen oder Mann
Sie wöllen nit arges fahen an
Sůchñ narung durch Gottes eer
Darumb so habt von mir die leer

Laßt euch bevolen sein Arm leüt
Wann Gott der Herr in diser zeit
Ward Arm geboren in diser welt
Ein jeder kan nit haben gelt
Das er im kauff was er mûß han
Ist er dann so ein frummer man

Ehe das er args wöll vnderstan
So will er ehe hie betlen gan
Vñ der ist warlich gerecht vñ gůt
Der in im hat ein solchen můt
Ehe er sein nächsten vber näm
Vil lieber er in Armůt käm

Es stet geschriben sicherlich
Hab Gott lieb den nächsten als
Ir solt euch vber die armen (dich
Die in diser zeit erbarmen
Wan ich halt dz für wol gethan
Ehe vnrecht thůn/ ehe betlen gon.

Getruckt zů Basel / bey Samuel Api rio.

*25* Barthel Beham, um 1530

## Die Rute als Standessymbol

Erkennt man heute den Lehrer am roten Kalender, so ist es früher die Rute, die den Schulmeister auszeichnet. Unvorstellbar, daß dieses Attribut keinen Spott hervorruft, sondern sogar als Standessymbol gilt, das auch in brutalster Form Anwendung findet.
»Wer der Rute schonet, der hasset seinen Sohn«, steht in der Bibel geschrieben, und so kann man sich, gestützt auf dieses Wort, getrost der körperlichen Strafe als wichtigstem Erziehungsmittel bedienen. Betroffen ist, so die Vorschrift, das entblößte Hinterteil.
Dem Schulmeister, der neu in sein Amt kommt, werden daher als Zeichen seiner Position und seiner Gewalt von der vorgesetzten Behörde Stock und Rute übergeben. So bietet sich uns heute ein Bild des Lehrers aus jener Zeit dar, das untrennbar mit der Rute verbunden ist. Darf es da wundern, daß den Künstler auch die Darstellung der umgekehrten Situation reizt?

*26* Anonym, 1592. In einem Raum erhalten die zu verschiedenen Gruppen gesammelten Schüler Unterricht im Lesen, Singen und Rechnen. Vorn links wird ein Schüler geschlagen.

Gramatici quinque genera quinque casus, et quinque deuotiones

Tyrānis ludi magistrorum.

uotionibus. Allusit autem ad Græcū Epigrāma, quod iocatur Grāmaticis esse, πέντε γένη, πέντε πτώσεις καὶ πέντε κατάρας. i. quinq; genera, quinq; casus, & quinq; deuotiones, ob quinq; primos uersus Homericos, quorum primus incipit a μῆνιν, quod iram significat. Secūdus, οὐλομένην, q̄d pnicię significat, habet & μυρία ἄλγεα. i. innūeros dolores. Tertius, animas mittit ad inferos. Quartus, canū laniationē. Quintus, auium, & iram Iouis. Atq; his auspicijs ingrediuntur suum munus. Epigrāma autem est libro primo Palladæ titulo huiusmodi,

q; tantum diris obnoxij sunt isti, quēadmodum indicat epigrāma græcum, uerum sexcentis, ut qui semper famelici, sordidiq; in ludis illis suis, in ludis dixi, imo in φροντιστηρίοις, uel pistrinis potius, ac carnificinis, inter puerorū greges, cōsenescant laboribus, obsurdescāt clamoribus, fetore pædoreq; cōtabescant, tamē meo beneficio fit, ut sibi primi mortaliū esse uideant. Adeo sibi placēt, dum pauidā turbā, minaci uultu uoceq;, territant, dū ferulis, uirgis, lorisq; cōscindūt miseros, dumq; modis omnibus suo arbitratu, sæuiūt, asinum illum Cumanū imitantes. interim sordes illæ, meræ munditiæ uidētur, pædor amaricinū olet, miserrima illa seruit

Ἀρχὴ γραμματικῆς πεντάστιχός ἐστι κατάρα· πρῶτος μῆνιν ἔχει, δεύτερος οὐλομένην, καὶ μετὰ δ᾽ οὐλομένην, Δαναοῖς πάλιν ἄλγεα πολλά· ὁ τρίτος, ψυχὰς εἰς Ἄϊδος κατάγει· τῷ δὲ τετάρτῳ τὰ ἑλώρια, ἐν κύνας ἀργοί, πέμπτος, οἰωνοί, καὶ χόλος ἐστὶ Διός. πῶς οὖν γραμματικὸς δύναται μετὰ πέντε κατάρας καὶ πέν

*27* Hans Holbein d. J. (?), Schulbuchkritzelei, 1515

*28* Matthäus Merian d. Ä., Schüler züchtigen den Schulmeister, 1630. Die Umkehrung der schulischen Machtverhältnisse bezieht sich auf Quellen bei Livius und Plutarch, die davon berichten, daß M. Furius Camillus den Schulmeister von Falerii durch seine Schüler züchtigen ließ, da er die Kinder den Römern ausgeliefert hatte. Merian transponiert das gar nicht so satirisch gemeinte Thema in seine Zeit und verstärkt so den »pädagogischen« Gehalt des Bildes.

## Neue Ideen aus der Aufklärung – ganz natürliche Methoden

Erst nach einer relativ ruhigen Zeit bekommen die Satiriker sowohl literarisch als auch bildnerisch wieder alle Hände voll zu tun.

Mit der Aufklärung und dem erneut auflebenden Humanismus des späten 17., des 18. und des frühen 19. Jahrhunderts ändern sich die Sichtweisen der Philosophen und damit der Pädagogen grundlegend. Die »Volksbildungsbewegung« äußert mit Rousseau, Pestalozzi und den sogenannten Philanthropen schulreformerische Gedanken. Erziehung soll von nun an auf natürliche, lebenspraktische Ausbildung abzielen, das Lernen soll spielerisch und kindgemäß ablaufen.

Diese Ideen führen denn auch zur Errichtung vieler neuer Schulen, und – wie geschaffen für den Karikaturisten – zu neuen Lehrmethoden. Die Bildsatire richtet ihren Spott aber nicht nur gegen die oft zum Selbszweck werdenden Methoden, sondern auch gegen einen Schulmeister, der in affektierter, unnatürlicher Weise Unterricht abhält, Unmögliches von den Kindern verlangt, oder sie gar züchtigt.

Das pädagogische Gedankengut der Aufklärer bringt es also mit sich, daß wir jetzt zum allerersten Mal einen Lehrer zu Gesicht bekommen, der sich über Motivation und Methodik Gedanken machen muß. Daß sich allerdings die Mentalitäten so schnell nicht ändern wie die philosophischen Ideen und deshalb die tatsächliche Situation oft gerade vom Gegenteil zeugt, belegen die Bilder aus dieser Zeit nur allzu deutlich. Wie soll man auch so plötzlich aus jahrhundertealter Tradition ausbrechen können?

Wie der Knabe Hieronymus in die lateinische Schule kam, und wie er da nicht viel lernte.

*29* D.C.A. Kortum, 1784

*30* Johann Christoph Weigel, 1700

*31* Daniel Chodowiecki, 1781. Die Serie »Zwölf Arten seine Liebe anzutragen, oder um ein Herz, oder eine Hand, oder einen Geldbeutel anzuhalten«, aus der das Blatt mit dem Schulmeister stammt, ist auf Anregung des großen Satirikers und Philosophen Georg Christoph Lichtenberg entstanden, der die einzelnen Anträge auch kommentiert hat und zum obigen schrieb:

........ Der Mann vom Kopf bis auf die Ferse ein wahrhaftes deutsches *laudatur et alget.* Nichts als Rock und Knochen. Aengstlich, unterthänig und kümmerlich klagt er seine lateinische Liebe vielleicht blos des guten Bettes wegen. Die Kinder müssen die gebohrnen Physiognomen nicht seyn, die man aus ihnen machen will, anstatt nach dem lezten Pfennig zu greifen, scheinen sie den armen Tropf mehr zu fürchten, als den pädagogischen Besen auf dem Tisch. Die Dame, mit, wie man aus den Familien Gemählden sieht, angestammter Nase für Schnupftoback und *Prononciation*, scheint doch, so alt sie ist, den Mann ziemlich mit den Augen zu wiegen und nicht ganz leicht zu finden.

*Georg Christoph Lichtenberg, Handlungen des Lebens. Erklärung zu 72 Monatskupfern von Daniel Chodowiecki.*

**Bild einer städtischen Winkelschule (1780).**

Frh. v. Knigge, Der Roman meines Lebens. III. u. IV. Teil. Frankfurt a. M. 1805. S. 256 f.

In der Reichsstadt... herrscht bekanntlich wenig Sorge für die Erziehung der Jugend, Lustbarkeiten und Gewinnsucht lassen den Eltern nicht so viel Zeit übrig, um daran zu denken. Die ansehnlichste Schule hält ein gewisser Eyermann. In derselben werden 300 Knaben zusammengearbeitet. Gern nähme der liebe Mann auch 1000, wenn es möglich wäre, sie in das Zimmer zu stopfen; denn das Zimmer ist so klein, daß die Kinder ihre Arme kaum von dem Leibe bringen können. Bei dem Eintritte muß ein jeder seinen Hut hergeben, welcher mit den übrigen zu einer großen Pyramide aufgetürmt wird. Diese Pyramide wirft der Herr Präzeptor nach Endigung der Stunde mit dem Fuße um, und dann stürzen alle Knaben über den Haufen her und suchen ihr Eigentum heraus, wobei es nicht selten Stöße und Schläge gibt. Die entsetzlichen Ausdünstungen der also eingepferchten Kinder machen denn fast in jeder Stunde den einen oder andern ohnmächtig; er wird sodann in die Höhe gehoben und wandert von einer Hand in die andere bis zur Tür, wo er, weil er nicht zu seinem Hut hat kommen können, mit dem Angstschweiße auf der Stirn, im bloßen Kopfe sich der Luft aussetzen muß. Auch verliert jeder Junge, der vier Wochen diese Mördergrube besucht, seine gesunde Farbe.

*32* Johann Mettenleiter, Ermahnung an die Kinder seitens des Lehrers, um 1800

*33* Johann Mettenleiter, Der faule Schüler auf dem Esel, um 1800.

Das erste Bild zeigt das Ideal des natürlichen Lehrers, das sich in dessen verhaltener Körpersprache und Gesichtsausdruck äußert. Der pädagogische Zeigefinger wechselt die Rute ab. Bei nur drei Kindern im Unterricht in diesem wohlhabenden Hause, das sich anscheinend einen Privatlehrer leisten kann, ist es auch einfacher, ruhig zu bleiben, als in der überfüllten Dorfschule nebenan, wo der Lehrmeister alle pädagogischen Lehrsätze über den Haufen schlägt: Sollte der Stock in seiner Hand am Kind zerbrechen, hängt ersatzweise die Rute am Fenster.

*34* Johann Michael Voltz, Stadtschule, um 1830

*35* Johann Michael Voltz, Dorfschule, um 1830

# Krebsbüchlein

oder

## Anweisung

zu

einer unvernünftigen

## Erziehung der Kinder

von

## Chr. Gotth. Salzmann.

R

**Faciam, mi papule, si te idem facientem prius videro.[1])**

*36* Chr. Gotth. Salzmann, 1780. Die allseitig praktische Ausbildung, die das Erziehungsziel Salzmanns war, fand ihren Niederschlag auch in volkstümlichen Schriften. Die Karikatur unterstreicht die Ironie des Titels: Ein alter Krebs will, daß seine Kinder vorwärts gehen, aber eines von ihnen antwortet: »Ich tue es erst dann, Väterchen, wenn ich es dich vor mir tun sehe.«

*37* Anonym, 1826. Jeder sein Monitor in dieser Schulstube – die Schüler passen gegenseitig aufeinander auf, so daß es gar nicht mehr zum Unterricht kommen kann, und die Eltern und Schulinspektoren staunen. Die Lautier-Methode, auf die der Titel anspielt, war ein neu eingeführtes Leselernverfahren nach dem Ganzheitsprinzip.

*38* Gehring, 1826. Inzwischen sind die neuen Methoden schon so kompliziert geworden, daß der Lehrer selber nicht mehr weiter weiß. Der Schulgehilfe schaut nach der Kirchenuhr, und bis dieselbe zu schlagen anfängt, hält der Schulinspektor ein Nickerchen.

*39* Rudolphe Toepfer, Institut Spaessig, wo die Methode herrscht, den Unterricht spielend beizubringen, um 1830. Die spielerische Lernsituation, die Campe und die Philanthropen propagierten, wird hier zeichnerisch übertrieben. Die Eltern suchen gerade nach einem geeigneten Institut für ihren Sprößling, und der Schulleiter zeigt stolz auf seinen Lehrer, der den Kriegstanz der Spartaner »spielend« anhand von Marionetten erklärt.

*40* Thomas Rowlandson, The Schoolmaster, 1814.
»Death, with his dart proceeds to flog Th'astonish'd, flogging pedagogue.«
»Der Tod kommt mit dem Pfeil daher,
als Stock für den erstaunten Prügelpädagog.«

Rowlandsons Karikatur zeigt einen Schulmeister, der sich angesichts des Todes verschreckt am Sinnbild alles Weltlichen, nämlich am (allerdings nicht viel Halt bietenden) Globus festzuklammern versucht, andererseits fast erbost dem unverschämten Eindringling seine ganze Gegenwehr in Form des pädagogischen Zeigefingers entgegenstreckt. Der Knochenmann hat aber einen viel festeren Besitz vom zweiten Globus ergriffen und verweist triumphierend auf die Uhr.

## Das ges. gesch. Hinterteil – Diskussionen um die Prügelstrafe

Die schönen Ideen der Aufklärung, im besonderen zum natürlichen Verhalten des Lehrers, der ohne Stock und Rute auskommt, wären keine solchen, würde die Realität nicht ganz anders aussehen. Denn der Privatunterricht in kleinen Gruppen ist nicht die Regel; im Zuge der sozialen Bemühungen einiger praktisch wirkenden Aufklärer kommt es eher zur Errichtung und Verbreitung von Armenschulen – die erste in Berlin 1827 – und Volksschulen, deren überfüllte, große Räume manchmal mehrere hundert Kinder gleichzeitig aufnehmen. Wie käme man da ohne Schläge aus? Liegen diese denn nicht auch in der Erwartung der Schüler? Schule ohne Strafe – eine Illusion!

Mit dem Verbot der Prügelstrafe in den meisten deutschen Landen (1848) reizt es die Schüler, wie die Karikaturen zeigen, natürlich noch mehr, den Lehrer zu provozieren, welcher dann gezwungenermaßen zum Wohle des Staates die Gesetze übertreten *muß.* Letztere kommen ihm aber zuhilfe, als es später zu den vielen, kaum übersichtlichen Einzelerlassen und -regulativen seitens der Kultusministerien kommt, die die Verbote teilweise wieder aufheben oder einschränken. Deshalb bleibt auch die kleine Zeichnung in Oettingers Charivari von 1848, die eine der ganz seltenen Lehrerfiguren ohne Rute oder mahnende Gestik zeigt, eine Ausnahme (Abb. 52). Sie gibt sich als Schulkarikatur auch eher durch den beigegebenen Text als durch das Bild zu erkennen. Dies darf aber nicht weiter wundern, übt sich doch der Karikaturist mehr im bissig-kritischen Zugriff auf ihm Unangenehmes, als daß er Zustände bejaht.

Bei uns ist es recht still um die Prügelstrafe geworden. In einigen europäischen Ländern wird die Risikobereitschaft des Schülers zum Streichespielen immer noch von der drohenden körperlichen Bestrafung gedämpft.

*In short he plied his body o'er,*
*To hammer in Scholastic lore.*

*41* M. Egerton (?), Ein junger Kavalier wird für seine Faulheit bestraft, 1821. »Entschlossen beugt er sich nach vorn, schlägt zu in alter Lehrertradition.« Bild und Text sind in angelsächsischen Ländern nach wie vor aktuell: In Schottland beispielsweise gehört das Schlagen auf die Finger zu den am häufigsten benutzten Strafmethoden.

*42* George Cruikshank (?), Prügelszene in einem ländlichen Klassenzimmer in England, um 1830. Auch Mädchen entgehen dem Zorn des Schulmeisters offensichtlich nicht, sehr zur Freude der zwischenzeitlich verschonten Jungen. Natürlich gereichen die Prügel zur Erlangung höherer Ziele, wie der lateinisch-englische Text auf der Schultafel glaubhaft macht: »Wenn deiner Schädeldecke meine Qualen nichts gemacht, wird's durch den Hintern zum Gehirn gebracht.«

# Pädagogik.

Ich will doch sehen, ob ich dem verfluchten Buben keine Zuneigung zu mir beibringen kann.

*43* Anonym, 1844

**Ein „Musterpädagog" (18. Jahrh.).**

Aus Basedows Pädagog. Unterhaltungen. Abgedruckt in: H. Scheube, Aus den Tagen unserer Großväter. Berlin 1873.

Während der 51 Jahre u. 7 Monate seiner Amtsführung hat derselbe nach mäßiger Berechnung ausgeteilt:

911 527 Stockschläge, 124 010 Rutenhiebe, 20 989 Klapse und Pfötchen mit dem Lineal, 136 715 Handschmisse, 10 235 Maulschellen, 7905 Ohrfeigen, 1 115 800 Kopfnüsse und 22 763 Notabenes mit Bibel, Katechismus, Gesangbuch und Grammatik. 777 Mal hat er Knaben auf Erbsen knien lassen und 613 auf ein dreieckig Holz, 5001 mußten Esel tragen und 1707 die Rute hoch halten, einiger nicht so gewöhnlicher Strafen, die er zuweilen im Falle der Not aus dem Stegreif erfand, zu geschweigen. Unter den Rutenhieben sind 76 000 für bibl. Sprüche und Verse aus dem Gesangbuch. Schimpfwörter hatte er etwas über 3000, davon ihm sein Vaterland ungefähr zwei Drittel geliefert hatte, ein Drittel aber von eigener Erfindung war.

## Pädagogik.

„Da hast du nun schon wieder dem Herrn Pfarrer die Aepfel gestohlen; ich bin nur bange, daß es meiner Gesundheit schadet, sonst würde ich dich schwarz und blau hauen!“

*44* Franz Wieschebrink, 1847

*45* Anonym, um 1850

*46* Johann Heinrich Ramberg, Ein Educations Rath, um 1825

## Aus einem Knaben-Erziehungs-Institute.

Instituts-Direktor: „Gnädige Frau, Sie dürfen für Ihren Sohn ganz unbesorgt sein, da in meinem Institute ts die größte Reinlichkeit herrscht. Die Zöglinge werden täglich von meiner Frau geputzt und von mir gewichst."

47 Anonym, 1861

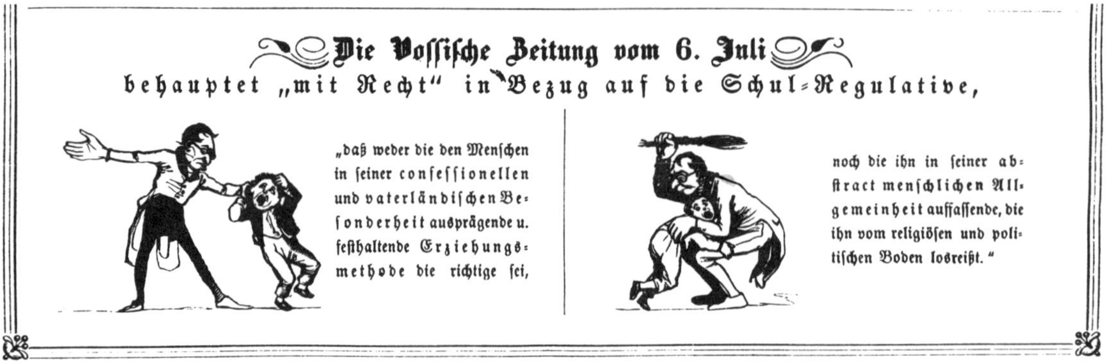


*48* Anonym, 1855. Die reaktionäre preußische Schulregulative von 1854 aus der Feder des Geheimrats Stiehl hebt alle fortschrittlichen Bemühungen von 1848 wieder auf. Der Unterricht soll nicht mehr auf »formelle Entwicklung der Geistesvermögen an abstraktem Inhalt« bedacht sein, sondern zum Dienst an Staat und Kirche anleiten.

*49* v. Mühler, 1870. Diese Regulative scheint selbst härteste Strafen wieder eingeführt zu haben. Hinter den »von wegen Bankschnitzeln's« verurteilten Schülern schreiten mit bedeutungsschwangerer Miene Polizei, Justiz und Kirche, wehklagende Mütter zurücklassend.

## Raffiniert.

Was der Einfalt nur erscheinet
Als ein Instrument zum Sitzen,
Dieses wissen harte Männer
Pädagogisch auszunützen.

In diese Klage Gottfried Bimsteins stimmen die Jungens von Schnipfelberg gar eifrig ein. Der Herr Lehrer haut aber auch zu mächtig. Und als das Klopfen auf die edlen Sitzteile der Dorfjugend gar kein Ende nehmen will, fassen die Eltern sich ein Herz und beklagen sich bei einer hochwohllöblichen Regierung. Große Untersuchung. Die Regierung hat ein Einsehen und Mitleid mit der geprügelten Knabenschar, und der Lehrer bekommt tatsächlich einen Nasenstüber. — Unsere Schuljugend, die helle ist und bald Wind von der Sache bekommt, jubelt, und einer von der Gesellschaft legt es nun d'rauf an, den vielgeplagten Lehrer noch mehr zu plagen. Keine Stunde fast vergeht ohne die eine oder andere Frechheit. Dem Lehrer zuckt's in den Fingern. Gern hätte er zugehauen, aber ... „Wir machen Sie hiermit darauf aufmerksam, daß Sie sich in Zukunft einer weisen Milde zu befleißigen haben, andernfalls ...!" — — Als der Junge die Sache nun doch zu toll trieb, packt den Lehrer auf einmal gerechter Zorn und mit geübtem Griffe legt er den Bengel über das Knie. Schon will er zum Hiebe ausholen — da liest er auf dem bewußten Körperteil deutlich aufgeschrieben:

*50* Adolf Oberländer, 1904

**Pädagogik** A. Geigenberger (München)

„Wartet, Ihr Rangen! Ich will doch sehen, ob ich euch die Werke der Barmherzigkeit nicht einprägen kann!“

*51* August Geigenberger, 1907

No. 331. Leipzig, Donnerstags 22. Juni 1848.

# CHARIVARI

(Siebenter Jahrgang.)

## Redigirt von Eduard Maria Oettinger.

Erscheint wöchentlich drei Mal: am Dienstag, Donnerstag und Sonnabend. — Jährlicher Pränumerationspreis: $5\,^1/_3$ Thaler. Sämmtliche Postämter und Buchhandlungen nehmen Bestellung an. Beiträge frankirt einzusenden an den Redacteur, Hohestraße Nr. 2 b.

### Frage.

**Schuljunge.** Herr Lehrer, was ist denn Republik?

**Lehrer.** Republik, dummer Junge, ist die edelste Staatsform, bei der Jeder, welcher nichts zu verlieren hat, nur gewinnen kann.

*52* Anonym, 1848. Eine Ausnahme in jeder Beziehung ist dieser Lehrer aus dem Revolutionsjahr 1848: Ihm fehlt die Rute, er wirkt wohlgenährt und gemütlich und vertritt eine fortschrittliche, anti-monarchistische Einstellung.

## VOM 19. JAHRHUNDERT BIS 1914 – AUS DER GROSSEN ZEIT DER KARIKATURZEITSCHRIFTEN

Mit der Erfindung von Lithografie und Holzstich ergibt sich für das beginnende 19. Jahrhundert im Druckwesen eine völlig neue Situation. Die Publikationen der Künstler können von nun an schneller und in höheren Auflagen in Umlauf gebracht werden, der Vertrieb wechselt von den Einzeldrucken und Buchbeilagen zu dem weitaus publikumswirksameren Medium der Zeitschrift.

Nach den frühen französischen Vorbildern *Caricature* und *Charivari* sorgt auch in Deutschland die Märzrevolution von 1848 endlich für eine wahre Flut von Karikaturzeitschriften, die sich als Fürsprecher eines liberalen Bürgertums verstehen, und in denen neben den satirischen Arbeiten auch unzählige humoristische Karikaturen auf die Schule entstehen. Sie haben das Bild des Lehrers, wie es sich zum Teil noch bis heute erhalten hat, entscheidend mitgeprägt. Auch von ihnen kann nur ein kleiner Ausschnitt gezeigt werden.

### Lehrer Lämpels idealer Zeigefinger – humoristische Schulkarikaturen

Ein ganz bedeutender Künstler steht in diesem Abschnitt an erster Stelle: Honoré Daumier. Vielleicht tut man dem großen Meister der Lithografie etwas unrecht, wenn man seine über dreißig Blätter aus der Serie »Professeurs et moutards«, die zwischen 1845 und 1846 im *Charivari* erschienen, als humoristisch einstuft. Daumiers großes soziales Engagement ist unbestreitbar, und die Beschäftigung mit dem Thema Schule läßt sich auch nur aus der Pressezensur seiner Zeit erklären, die ihn zwingt, die Gesellschaftskritik über die Darstellung kleinbürgerlicher Typen anzubringen.

Der zweite große Meister der humoristischen Schulkarikatur ist Wilhelm Busch. Dieser trifft und prägt mit dem Lehrer Lämpel aus »Max und Moritz« eine trotz aller Leiden unerschrockenen Musterpädagogen, dessen gerader Zeigefinger das Ideal aller hier abgebildeten Lehrerfinger darstellt.

In diesem Zusammenhang muß schließlich noch auf eine Bildgattung hingewiesen werden, der die humoristische Schulkarikatur ebenso verpflichtet ist wie der langen Tradition der Bildsatire: die Genremalerei. Obwohl Genrebilder oft in Stichen in Umlauf gesetzt werden, die nach Gemäldevorlagen angefertigt werden, sind sie eher malerisch denn grafisch zu nennen. Und trotzdem haben die vielen Schulgenredarstellungen einen stark karikaturistischen Einschlag: Der Genremaler scheint nämlich nicht umhin zu können, diejenigen Aspekte des Schullebens herauszugreifen, die einer Idealvorstellung von der Schule am meisten widersprechen!

*53* Henry (Ricardo) Richter, Picture of Youth, Or: The School in an Uproar (Bild der Jugend oder: Die Schule in Aufruhr), 1824. Dreimal wird der Lehrer in diesem unglaublich detailreichen Blatt von den Schülern verspottet: Ganz links mißbraucht ein »Kutscher« seine Rute, daneben wird er von einem Schüler imitiert, der sich außer des Lehrerthrons auch noch seiner Kleider bemächtigt hat; an der Tür zeichnen Schüler seine Porträt-Karikatur. Gleich neben dieser Schülerzeichnung taucht das Objekt des Spottes, den Stock voran, aus dem Halbdunkel der geöffneten Tür auf, um dem Treiben ein Ende zu bereiten.

W. H. Schmidt pinx^t W. French sc.

A Village School. Eine niederländ. Schule.

*54* William French (nach Willem Hendrik Schmidt), um 1830

PROFESSEURS ET MOUTARDS.

COMME ON DEVIENT GRAND MATHÉMATICIEN.

– Mr. Moutonnet, vous avez encore commis une erreur dans votre calcul... vous me copierez six fois le verbe : **je me suis trompé dans mon addition** !

( Mr Moutonnet, devenu furieux, réplique par des signes qui ne sont point algébriques. )

*55* Honoré Daumier, Wie man ein großer Mathematiker wird, 1845. »Monsieur Moutonnet, sie haben schon wieder einen Fehler in ihrer Rechnung gemacht! Sie werden mir sechsmal den Satz schreiben: ›Ich habe mich bei der Addition geirrt.‹ « (Der wildgewordene Moutonnet antwortet mit Zeichen, die nicht gerade aus der Algebra stammen.)

*56* Honoré Daumier, 1846. »Warte nur, den Schulmeister zeige ich dir schon!«

*57* Honoré Daumier, 1845. »Wie man sieht, bewirkt der Karzer nicht gerade die besten Ergebnisse.«

*58* Gustave Doré, Ruheloser Pauker, dem es schon seit einer Woche nicht mehr gelungen ist, eine Strafarbeit zu verteilen, 1861

*59* Wilhelm Busch, Lehrer Lämpel, 1865

Doch ach! wie bald wird uns verhunzt
Die schöne Zeit naiver Kunst;
Wie schnell vom elterlichen Stuhle
Setzt man uns auf die Bank der Schule!

Herr Bötel nannte sich der Lehrer,
Der, seinerseits kein Kunstverehrer,
Mehr auf das Praktische beschränkt,
Dem Kuno seine Studien lenkt.

Einst an dem schwarzen Tafelbrett
Malt Kuno Böteln sein Portrett,

Herr Bötel, der es nicht bestellt,
Auch nicht für sprechend ähnlich hält,

Schleicht sich herzu in Zornerregung;
Und unter heftiger Bewegung
Wird das Gemälde ausgeputzt.
Der Künstler wird als Schwamm benutzt.

*60* Wilhelm Busch, Lehrer Bötel, 1884

## Verschiedenartige Lehrmethode.

Professor. Hoheit können mir wohl sagen was das Wort ater zu deutsch heißt?

Prinz. Ater heißt weiß.

Professor. Nun ja, Hoheit, beinahe, doch nicht so ganz eigentlich weiß, eher etwas in's Graue spielend, auch dunkelgrau, schwärzlich; ich möchte fast sagen: schwarz.

Professor. Wahrenberger! Du kannst uns wohl sagen was das Wort ater zu deutsch heißt?

Schüler. Ater heißt weiß.

Professor. Was sagst du da, du heilloser, nichtswissender, träger Bursche! Ater: weiß!? Komm nur her, ich will dich lehren aufmerksam zu sein, du nichtsnutziger Ignorant.

*61* Anonym, 1848

# Zweifelhaftes Compliment.

„Das Wenige, was mein Heinrich weiß, hat er Ihnen zu verdanken."

*62* Anonym, 1853

## Das politische Zitat aus der Schulstube

In den folgenden Bildern begegnen wir einem Phänomen, daß seine Entstehung der Rigidität der Schulsituation verdankt, wie sie sich im Wechselspiel von Autorität einerseits und Untergebenheit andererseits, im Strafen und im Sich-Fügen in Disziplinarmaßnahmen am stärksten offenbart.
Es sind dies keine Karikaturen, die sich zur Schulpolitik äußern, sondern solche, die das starre Schulmilieu zum Anlaß nehmen, aktuelle politische Ereignisse zu karikieren. Dabei bedienen sie sich all jener Bildelemente, die auch in den anderen Karikaturen auftauchen, machen aber mehr oder minder versteckt in der Physiognomie oder im Text kenntlich, um welche Personen oder auch Länder es sich handelt. Die hierarchischen Verhältnisse im Klassenzimmer werden in diesen Bildern noch überspitzter formuliert als in den Karikaturen auf die Schule selbst, und da sie wie diese – auf einem Umwege – ein Bild von der Schule widerspiegeln, fällen sie rückwirkend ein doppelt scharfes Urteil.
James Gillray gibt zwar schon sehr frühe Zeugnisse von dieser Spielart der politischen Karikatur, doch tauchen Zeichnungen, die die Schule solchermaßen zitieren, im besonderen Maße im 19. Jahrhundert auf, und zwar international. Man hat also allgemein kein gutes Haar am Schulsystem lassen können!

*63* James Gillray, 1785. »Lehrer Bärenmütze rechnet mit Billy Schüler und seinen Spielkameraden ab«. Der konservative Oppositionsführer Fox prügelt den 25 Jahre jungen Premierminister William Pitt.

ACTUALITES.

Chez Aubert & Cie Pl. de la Bourse 29. Paris.

Lith. de Me Ve Aubert, r. de l'Abbaye, 5. Paris.

*LA CLASSE DE Mr DUPIN.*

– Oh! m'sieu, m'sieu!... ça sera-t-il bientôt les vacances?
– Je ne demande pas mieux que vous partiez en vacances!... quel débarras pour moi, bon dieu quel débarras!

*64* Cham, Die Klasse des Monsieur Dupin, 1850. »Oh, Monsieur, es gibt doch bald Ferien!« »Ich wünsche mir nichts mehr, als daß ihr in Ferien geht! Mein Gott, welch ein Lichtblick!«

## Sonntagsschule.

**Schüler,** (unisono buchstabirend.) F—r—i—e, Frie, d—e, de, Friede!
**Lehrer.** So ist es recht. Nun gebt euch aber auch Mühe, daß ihr es nicht wieder verlernt!

*65* Wilhelm Scholz, 1883. Bismarck, in der Karikatur immer mit drei abstehenden Haaren gezeichnet, dirigiert die Bündnispolitik Preußens.

5ᵉ ANNÉE. — Nᵒ 210. DIX CENTIMES. DIMANCHE 18 AVRIL 1875

# LE GRELOT

RÉDACTION
20, RUE DU CROISSANT, 20
PARIS

ABONNEMENTS
Un an . . . . . . . . . . 8 fr.
Six mois . . . . . . . . 4
Trois mois . . . . . . . 2

ÉDITION DE LUXE
Un an . . . . . . . . . . 15 fr.
Un numéro . . . . . . . 25 c.

ADRESSER
Lettres et mandats à M. Madre, directeur-gérant.

ADMINISTRATION
20, RUE DU CROISSANT, 20
PARIS

ABONNEMENTS
Un an . . . . . . . . . . 8 fr.
Six mois . . . . . . . . 4
Trois mois . . . . . . . 2

SUPPLÉMENT LITTERAIRE
Un an . . . . . . . . . . 8 fr.
Un numéro . . . . . . . 5 fr.

ANNONCES
M. A. Baudouin, régisseur,
9, place de la Bourse.

## LA LEÇON DE MAINTIEN. — PAR ALFRED LE PETIT.

*66* Alfred le Petit, 1875. Haltungslektion. Die 3. französische Republik in der Allegorie einer Frau wird vom mit monarchischen Befugnissen ausgestatteten Präsidenten ermahnt: »Die Kleidung ist passierlich, aber die Haltung läßt ein wenig zu wünschen übrig, mehr nach rechts, bitte! So ist es gut! Augen zu, die sind zu frech! Gut, perfekt, so stelle ich Sie mir vor!«

NEUVIÈME ANNÉE. — N° 387. PARIS ET DÉPARTEMENTS : 10 CENTIMES DIMANCHE 26 MARS 1876

FONDATEUR
F. POLO
ABONNEMENTS
PARIS
52 numéros .................. 6 fr.
26 numéros .................. 3 —
Les abonnements partent du 1er de chaque mois
BUREAUX
16, rue du Croissant, 16

L'ÉCLIPSE

FONDATEUR
F. POLO
ABONNEMENTS
DÉPARTEMENTS
52 numéros .................. 8 fr
26 numéros .................. 5 —
ANNONCES
Fermage exclusif de la publicité
ADOLPHE EWIG
60, rue Taitbout, 60

ADRESSER LES ABONNEMENTS ET RÉCLAMATIONS A L'ADMINISTRATEUR DU JOURNAL

UN PENSUM, PAR GILL.

Prière de conjuguer à perpétuité le verbe : « ÇA NE VA PAS COMME SUR DES ROULETTES. »

*67* André Gill, Strafarbeit, 1876. Diese Anspielung auf einen republikanischen Wahlerfolg zeigt einen Militär, der als Letzter wie in der Schule eine Eselsmütze aufsetzen und »bis in alle Ewigkeit« konjugieren muß: »Politik ist kein Roulettespiel.«

Tafel 7a. Bebel: „Also, Kautsky, jetzt werde ich einmal sehen, ob Du Deine Klasse gut gezogen hast. Ich werde ein Hoch auf den Kaiser ausbringen: wer sitzen bleibt, wird versetzt, und wer aufsteht, bleibt sitzen." („Ulk", Berlin, 1907).

*68* G. (?), 1907. Der sozialdemokratische Parteiführer August Bebel kontrolliert die Parteiarbeit seines Genossen Karl Kautsky. An der Wand Bilder von Karl Marx und Ferdinand Lassalle, dem Gründer der sozialdemokratischen Bewegung in Deutschland.

# Die Schlacht ums Alphabet – Kulturkampf und Simultanschule

> Daß die *politische* Karikatur die jüngste ist, erklärt sich aus der Geschichte, ebenso, daß sie überwiegend radikal, demokratisch, teils antimonarchistisch, teils antiklerikal gefärbt erscheint. Freilich nicht durchgehends; aber doch im Grundcharakter; denn dem Konservativismus fehlt seiner Natur nach die Stoßkraft positiver Kritik.
> (Theodor Heuss, Zur Ästhetik der Karikatur, 1910)

Der Einfluß der römisch-katholischen Kirche auf die Schule war zwar durch Luthers Reformation zum Teil gebrochen worden, doch mit der Gegenreformation und verstärkt in den Jahren der Restauration gewannen die katholische Kirche und mit ihr der Jesuitenorden wieder großen Einfluß auf die Erziehung.

1872 nahm Bismarck im »Schulaufsichtsgesetz« der Kirche alle Macht über das Erziehungswesen und legte es gänzlich in die Hände des preußischen Staates; kurz später wurde mit dem »Jesuitengesetz« auch dieser Orden verboten. Im Verlaufe dieses »Kulturkampfes«, der auch in anderen europäischen Ländern stattfand, leistete die katholische Zentrumspartei unter Windthorst erbitterten Widerstand, und der Papst erklärte Bismarcks Kirchengesetzgebung für ungültig.

Bismarck lenkte 1887 wieder ein, auch das Jesuitengesetz wurde im frühen 20. Jahrhundert wieder aufgehoben. Doch spätestens der Weimarer Schulkompromiß, der entgegen den Forderungen der Novemberrevolution der Kirche wieder großen Einfluß einräumte, erforderte vom Karikaturisten erneut verstärkte Beobachtungen im Streit um die Schulaufsicht.

Der Kampf der Kirche gegen die Simultanschulen, in denen nach Art der Gemeinschaftsschulen, wie sie heute bei uns der Regelfall sind, beide Konfessionen zusammengefaßt wurden, blieb lange wach. Genauso lange blieb die »Verpfaffung« der Schule ein Dorn im Auge des Karikaturisten.

*69* Anonym, Schlacht ums Alphabet, 1843. Überschattet von einem teuflischen Dämon, streiten sich in dieser englischen Karikatur die Vertreter des Staates (links) und der beiden Kirchen um die Erziehung – um das Wohl des Kindes scheint es ihnen nicht zu gehen.

Alleinige Inseraten-Annahme in der Internationalen Annoncen-Expedition von Rudolf Mosse, Berlin, Friedrichstraße 66.

# Beiblatt zum Kladderadatsch.

Insertions-Gebühren für die 4-gespaltene Nonpareil-Zeile oder deren Raum 10 Sgr.=1¼ Frc.=36 Krz. rhn.

Fernere Annahmen in d. Filialen von Rudolf Mosse in Hamburg, Frankfurt a. M., Breslau, Leipzig, Halle, München, Nürnberg, Prag, Wien, Strassburg, Zürich.

Nr. 5. Erstes Beiblatt. | Berlin, den 4. Februar 1872. | XXV. Jahrgang.

## Dienst und Gegendienst.



**Die Kirche soll frei sein!**
Deßhalb muß der Staat aus der Kirche.

**Dagegen verlangen wir nur eine Kleinigkeit:**
Daß auch die Kirche aus der Schule bleibe.

*70* Anonym, 1872. Das Schulaufsichtsgesetz datiert vom 11. 3. 1872.

## Was im Herrgottschnitzer von Oberammergau nicht vorkommt.

— Sagen's, Herr Lehrer, wie lange dauert noch der Culturkampf?
— Wenn nur ihr Bauern gescheidter wär't, da hätten wir'n gar nicht gekriegt!
— So; na, dann schenkens mir was!

*71* Wilhelm Scholz, 1880

*72* Franz Jüttner, 1889. Zur Zeit des Kulturkampfes kämpft die Kirche auch gegen die Lehrerverbände, die nun vermehrt überkonfessionell zusammentreten.

# Bescheidene Wünsche.

Trotz langer Trennung macht die Kirche keine neuen Ansprüche; sie beschränkt sich nur darauf, frühere Beziehungen wieder anzuknüpfen.

*73* Anonym, 1887. Der Kulturkampf ist zu diesem Zeitpunkt bereits für beendet erklärt.

# Münchner Volksschulen

(Zeichnung von Th. Th. Heine)

„Schau, bal Kinder, wo Läus' haben und solchene, die wo koane Läus' net haben, in oaner Klass' beianand sitzen, nacha hoaßt ma's a Simultanschul'."

*74* Th. Th. Heine, 1902

**Unverschämtheit** Henry Bing

75 Henry Bing, 1906 „Was, Pfarrer willst werd'n und bist sechs Jahr in d'Simultanschul ganga?"

# Aus der Schule

*(J. B. Engl. 1904)*

»Warum hat Gregor VII. das Zölibat eingeführt?« –
»Damit sich die Pfarrer nicht so sehr vermehren.«

***76*** J. B. Engl, 1904

77 Alfred Frank, um 1923

# ULK

Nr. 40
54. Jahrgang

Wochenschrift des Berliner Tageblatts

2. Oktober
1925

Zeichnung von Steinert

*Die konfessionelle Schule* — *Der ABC-Schütze: „Geben Sie Gewissensfreiheit, Sire!“*

*78* W. Steinert, 1925

Stuttgart, 8. Dezember 1924 | Preis 40 Pfennig | 29. Jahrgang Nr. 37

# SIMPLICISSIMUS

Bezugspreis monatlich 1,60 Goldmark
Alle Rechte vorbehalten

Begründet von Albert Langen und Th. Th. Heine

Bezugspreis monatlich 1,60 Goldmark
Copyright 1924 by Simplicissimus-Verlag G. m. b. H. & Co., München

## Das bayrische Konkordat

(Zeichnung von Wilhelm Schulz)

„Lasset die Kindlein zu mir kommen!"

*79* Wilhelm Schulz, 1924

München, 27. Februar 1928 — Preis 60 Pfennig — 32. Jahrgang Nr. 48

SIMPLICISSIMUS

Herausgabe in München
Postversand in Stuttgart

Begründet von Albert Langen und Th. Th. Heine

Bezugspreis vierteljährlich 7.— Reichsmark
Copyright 1928 by Simplicissimus-Verlag G. m. b. H. & Co., München

Übers Grab hinaus!

(Zeichnung von Th. Th. Heine)



„Wir finden Trost in dem Glauben unserer Kirche: Auferstehn, ja auferstehn wirst du!"

*80* Th. Th. Heine, 1928

*81* Th. Th. Heine, 1929

## Die geborenen Karikaturen ...

Gibt es Menschen, die wie geborene Karikaturen sind? Wenn ja, dann steht an deren erster Stelle der Lehrer! Kein Wunder, denn kaum hat er diesen Beruf angenommen, muß er in die Rolle des Dozierenden verfallen, entwickelt dann ausgeprägte Verhaltensmuster aus ganz einfach ökonomischen Gründen, und entspricht so bald allen an ihn gestellten Erwartungen. Doch man muß differenzieren: So wie es das Bild des armen Volksschullehrers gibt, steht diesem das des arroganten Oberlehrers gegenüber, während Frauen in dieser Rolle ihre bildliche Entsprechung als Lehrerweiber finden.

### Wes Brot ich eß, des Lied ich sing – der arme Volksschullehrer

Der trotz seines geringen Einkommens in Karikaturen immer autoritätsgläubige und Repressionen weitergebende, dienstbeflissene und von seiner großen Aufgabe überzeugte Volksschullehrer, dessen Gehalt nach einem preußischen Gesetz von 1897 nur ein Drittel des Oberlehrer-Gehaltes betrug, findet sich auch ebenso sprichwörtlich als ostpreußischer Dorfschullehrer wieder.
Besonders seit Buschs Meister Lämpel bekannt, gehören zu seiner Typologie der erhobene Zeigefinger, der oft verkniffene, stets sprechbereite Mund, der Rohrstock und eventuell die Pfeife, die gerade Haltung mit dem unsichtbaren Lineal im Rücken. Es ist gar nicht so einfach, unter den in diesem Buch abgebildeten Zeichnungen einmal eine Lehrerfigur ohne Brille oder Monokel zu finden! Meistens zeigt sich auch, und zwar gerade zu Zeiten, wo der Berufsstand noch nicht zu gesellschaftlichem Ansehen gekommen ist, eine Art Knochigkeit, sie sowohl auf das geringe Salär verweisen mag, in gewisser Weise aber auch der nervösen Aufgabe entspricht.
»Die Bezahlung des Schulgeldes in Eiern« lautet 1757 der ernstgemeinte Titel eines Gemäldes von Peter Jacob Horemans. Diese Viktualienbezahlung ist gerade in den ländlichen Gebieten lange üblich, und von ihr ist unser guter Lehrer abhängig. Ist er nämlich nett zum Sohn des Bauern, fällt die Wurst am nächsten Tage ein Stück länger aus. Und trotzdem: Ein dicker, wohlgenährter Lehrer in diesen Karikaturen? Nur in Ausnahmen, dann schon eher mal ein dicker Pfarrer.

Beim Pastor da raucht es zum Schornstein hinaus
Im stattlichen Haus giebt's stattlichen Schmaus.
Herr Pastor mit seiner Familie spazieret
Sein Sohn, der Studis, sich nicht mehr rasieret.
Mit ernster Mien' die Bibel in der Hand
Wird predigen der Herr Pastor allerhand.
Es mundet der Wein hier aus vollem Becher
Herr Pastor ist auch mitunter ein Zecher.

Schulmeisterlein hat gewiß nicht son Schmaus
Denn danach sieht sein Häuschen nicht aus.
Schulmeisterlein führt seine Kinder in's Feld
Er hat wohl Kartoffeln doch fehlt ihm das Geld.
Schulmeisterlein sammelt mit Devotion
Für seinen Pastor 'ne gute Portion.
Schulmeisterlein hat Kartoffeln und Bier
Und danket dem lieben Herr-Gott dafür.

Schulmeisterlein plaget sich täglich sehr
Herr Pastor will aber noch immer mehr.
Schulmeisterlein bringt eine Petition
Und fordert für sich etwas besseren Lohn.
Wohl machet die Antwort ihn etwas froh
Am Ende doch bleibt es noch immer so.

*82* I. F. Boehmer, 1845

*83* Wilhelm Scholz, 1868.

## Zum Volksschulwesen.

Die „Neue Preuß. Zeit." verlangt, daß auf dem Lande die Verwendung der Kinder zum Viehhüten nicht durch die peinliche Innehaltung der Schulstunden zu sehr beschränkt oder gar unmöglich gemacht werde. Bei dieser Gelegenheit drängt sich von selbst der Gedanke auf, ob sich nicht der Schulunterricht in passender Weise mit dem Viehhüten verbinden läßt.

Anonym, Kladderadatsch 1888

Stoßseufzer eines preußischen Schullehrers. „Es scheint wieder nichts für mich übrig zu bleiben!"

*84* Anonym, 1865

*85* Anonym, 1868

Bestellungen werden in allen Buch- und Kunsthandlungen, sowie von allen Postämtern und Zeitungsexpeditionen angenommen.

**Supplement**
zum LXVIII. Band.

Erscheinen wöchentlich ein Mal. Preis des Bandes (26 Nummern) 6 Mark 70 Pf., excl. Porto bei directem Bezuge.


**Diese Supplement-Nummer erhalten unsere verehrl. Abonnenten gratis. Einzeln kostet dieselbe 20 Pf.**

## Umgesattelt.

Der Hofbauer-Wastl bekommt fast täglich in der Schule seine Portion Prügel. Eines Tags gibt ihm sein Vater nach dem Schlachten eines Schweines eine frische Wurst mit, die er dem Lehrer überreichen soll. Wastl steckt sie in die Innentasche seines Rockes und denkt: „Du willst doch erst sehen, ob du heute ohne Schläge davonkommst." Aber — der heutige Tag machte keine Ausnahme. Nachdem Wastl seine Portion Prügel bekommen, läßt er die Spitze der Wurst aus seiner Rocktasche herausschauen und sagt: „Die Wurst da, Herr Lehrer, hätten Sie bekommen, wenn Sie mich nicht geschlagen hätten!" — Lehrer: „Was! Dummer Junge, Du wirst doch einen Spaß verstehen!"

*86* Ludwig Bechstein, 1878

In Sparhausen, wo die Schulverhältnisse wenig günstig sind, muß eine zweiklassige Schule eingerichtet werden.
Lehrers ganz überflüssig, indem Bakel den Unterricht für die

*87* Adolf Oberländer, Spottbild auf die Überfüllung der Landschulen, 1892. Der Lehrer hat seinen Namen von dem lateinischen baculus (Stock). Mit dem Bakel wurde die Rute abgelöst.

Die respektable Länge des Lehrers Bakel kommt der Gemeinde sehr zu statten und macht die Anstellung eines zweiten zwei Klassen zu gleicher Zeit erteilen kann. (Fliegende Blätter.)

In den Volksschulen galten als zulässige Schülerzahlen für einklassige Schulen 60, während sonst eine Klasse bis zu 90 Schüler umfassen durfte ... 1843 kamen ... auf einen Lehrer der Gymnasien der Elementarschulen 23 Schüler, nimmt man die Hilfslehrer dazu, 17 Schüler. Auf einen Lehrer der Elementarschulen hingegen entfielen 78 Schulkinder.

W. Dieterici: Die statistischen Tabellen des preußischen Staates des Jahres 1843. Berlin 1845.

### Gehaltzulage in Sicht.

Die Zukunft erscheint dem Dorfschullehrer oft so rosig, daß er zur Freude der Schüler der Gegenwart völlig entrückt ist.
Sollte es wieder nur eine Fata Morgana sein?

*88* Franz Jüttner, 1889

**Ein Volksschullehrer:** Hundert Mal habe ich mir gewünscht, nur ein Stallknecht oder, Gott verzeih mir's, ein Pferd im Marstall zu sein. Für diese sorgt man zartfühlend, daß man sie nicht zu Tode peinige, wenn sie sich abgearbeitet haben, während Knechtschaft und Not den Volksschullehrer niederdrückt. Altenburger Volksblatt Nr. 28/29 vom 6. April 1849, S. 137.

*89* Max Engert, 1896

Kinderschutz auf dem Lande.

**Lehrer** (zu den Kindern). Zum Dank für die gesunde leibliche Arbeit und um unsere Freude an der herrlichen Natur auszudrücken, lasset uns das schöne Lied anstimmen: Wer nur den lieben Gott läßt walten u. s. w.!

*90* Anonym, 1902. Der Dorfschullehrer organisiert auf dem Feld des Gutsbesitzers die Rübenernte – helfen müssen dabei die Schulkinder!

*91* H. G. Jentzsch, 1902. »Lehrer: Herr Baron, dürfte ich Sie auch in diesem Jahre wieder um eine abgelegte Hose bitten?«

# Aus Ostpreußen

(Zeichnung von E. Thöny)

„Na, Junge, schickt mir dein Vater das versprochene Spanferkel nicht bald?" — „Nee, Herr Lehrer, es is wieder gesund geworden."

*92* Eduard Thöny, 1905

## Non vitae sed scholae – der reiche Oberlehrer

> Da steh ich nun, ich armer Tor!
> Und bin so klug als wie zuvor;
> Heiße Magister, heiße Doktor gar,
> Und ziehe schon an die zehen Jahr
> Herauf, herab und quer und krumm
> Meine Schüler an der Nase herum.
> (Johann Wolfgang von Goethe, Faust.
> Der Tragödie erster Teil)

Er kann ihn sich leisten, den arroganten Blick, der Oberlehrer mit dem guten Gehalt. Immerhin ist er ja keiner dieser armseligen Kirchendiener aus den Volksschulen. Er hat Bauch und Statur, seine Residenz ist die Stadt.
Er singt auch nicht wie jener das Lob aufs Vaterland des Brotkorbs wegen, sondern aus höherer Einsicht in dessen edle Einfalt und stille Größe. Und wo könnte sich diese besser äußern als in den berühmten Schlachten und Strategien der Vorfahren? Welche andere Sehnsucht könnte in einem Oberlehrer stecken, als solch großartiges Heldentum wieder in Angriff zu nehmen – zumindest die Schüler mit der richtigen Einstellung zu versehen? Keine schwerwiegendere Beleidigung für einen Oberlehrer übrigens, als eine mangelhafte Beherrschung der lateinischen Grammatik oder der homerischen Verse. Kein lebenstüchtiger Mensch, wer hier nicht besteht.
Den Mann nenne mir, Muse, der unter diesen Oberlehrern die Ignoranz mit einer Rute straft! Er diszipliniert mit vernichtenden Blicken. So ein Fußtritt in den Rücken des Schülers darf auch nur in der einsamen Anonymität der Bergwelt passieren. Hier oben sieht ihn niemand, die Götter ausgenommen. Und die aus dem Olymp kennt man ja schließlich persönlich.

## Unglaublich

(Zeichnung von Rudolf Wil! )

Brend'amour, Simhart & Co.

„Sie kennen nicht einmal jenen wenn auch seltenen, so doch berühmten Versfuß, der Proceleusmatikus? Und Sie wollen in einigen Wochen das Gymnasium verlassen und in das praktische Leben hinaustreten?"

*93* Rudolf Wilke, 1902

## Humanistisches Gymnasium

(Zeichnung von Emil Preetorius)

„Die griechische Sprache überhaupt, insonderheit aber ihre Grammatik und von dieser hinwiederum die unregelmäßigen Verba sind das erhabenste Produkt menschlichen Geistes. Und so oft ich selbige Verba konjugieren lasse, verlangen Sie ungestüm auf den Abort, Sie Rohling."

*94* Emil Preetorius, 1908

## Die Professorstochter

(Zeichnung von F. von Reznicek)

„Und wenn du die ganze Nichtswürdigkeit deines Verführers kennen lernen willst, so wisse, daß er stets jubeo mit ut konstruiert hat."

*95* Ferdinand von Reznicek, 1905

Der Mörder (Zeichnung von O. Gulbransson)

„Seinen Vater hat er ins Grab gebracht, seine Mutter steht auch schon mit einem Fuße im Grabe, und nun setzt er ut mit dem Indikativ!“

*96* Olaf Gulbransson, 1904

## Gymnasiallehrer

*(Rudolf Wilke. 1907)*

»Heute hatte ich einen wundervollen Traum:
ich gab Cicero einen Fünfer im Latein.«

*97* Rudolf Wilke, Gymnasiallehrer, 1907

## Der Herr Oberlehrer in den Bergen

(Zeichnungen von Th. Th. Heine)

„Wie heißt die Bergkette, die du vor dir erblickst?"
„Der Großglockner."
„Nein! Der Ortler! Wie hoch über dem Meeresspiegel?"
„Ich — ich hab es gewußt, Herr Oberlehrer!"

„Und mit einer solchen Unkenntnis wagst du es, vor die erhabene Natur hinzutreten? Hinweg mit dir schlechtem Schüler!"

*98* Th. Th. Heine, 1903

## Fragmentarisches Vorbild.

M. Flashar 05.

**Lehrer** (der seiner Klasse den Bocksprung vorturnen will, dabei aber kaum bis zur Mitte des Geräts gelangt): „. . . Und so weiter!“

*99* Max Flashar, 1906

„Das Vorhandensein der sittlichen Tüchtigkeit für Unterricht und Erziehung ist bei allen Mitgliedern der sozialdemokratischen Partei zu verneinen, da die Ziele und Bestrebungen dieser Partei im geraden Gegensatz stehen zu den Grundlagen des Staatswesens und zu den Aufgaben des Schulunterrichts, die Kinder zur Achtung und Ehrfurcht vor den bestehenden Gesetzen, zur Gottesfurcht, Vaterlandsliebe und Königstreue zu erziehen.' Es sei daher keinem Mitgliede der sozialdemokratischen Partei die Erlaubnis zur Erteilung von Turnunterricht an jugendliche Personen zu gewähren, vielmehr sei ihnen die Abhaltung solchen Unterrichts wegen mangelnder Tüchtigkeit für Unterricht und Erziehung überall zu versagen."

Verfügung des preußischen Kultusministers, Juli 1906.

*100* Werbeanzeige, 1905

**Völkische Erinnerung** (Zeichnung von Rudolf Wilke)

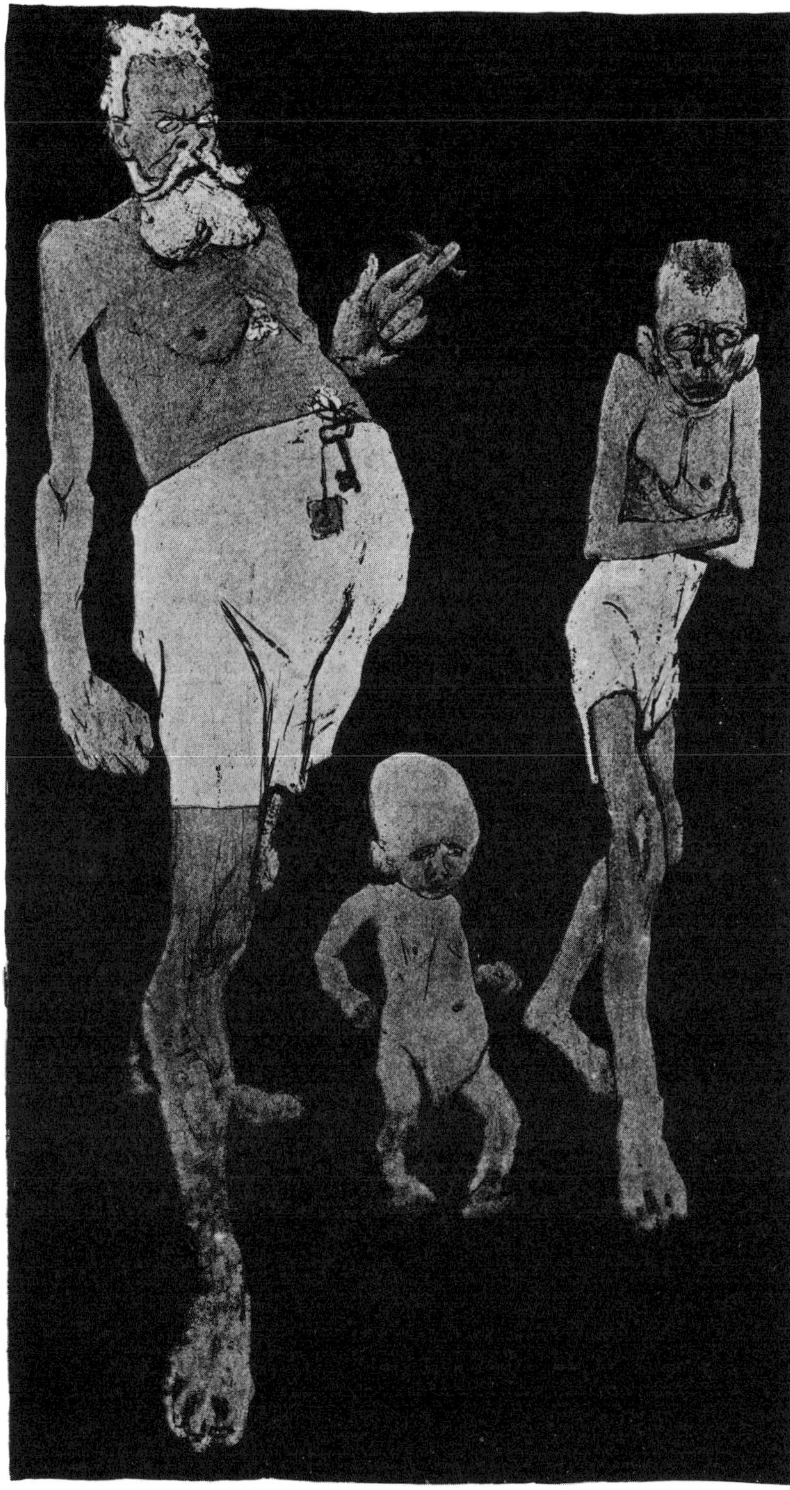

„Beim Betreten eines Schwimmbades denken wir unwillkürlich an die Schlacht bei Arausio, wo unsere tapferen Vorfahren durch den bloßen Anblick ihrer Leiber den Schrecken der Römer erregten.“

*101* Rudolf Wilke, 1908

## Missionar und Militär

Ein gewisser missionarischer Eifer haftet ja so manchem Lehrer an. Einige von ihnen trieb der Beruf auch im Zuge der »Kolonialisierung« in die Kannibalenschulen der »deutsch«-afrikanischen Gebiete, um dort das Bild des Klasseneseis an die Wand der Schulstube zu heften, und, mit reichen Erkenntnissen über »Die Neger« ausgestattet, für die Daheimgebliebenen Diktatstoffe zu verfassen, an denen orthographische Höchstschwierigkeiten geübt werden können.
Aber Afrika ist weit, und was kann da das Lachen schon schaden? Wenn allerdings dem polnischen Nachbarn die preußische Schulzucht eingetrichtert und eingebleut wird, dann schlägt der missionarische Zug des Lehrers in einen militärischen um.
Nach preußischem Untertanengeist wurde und wird aber auch in deutschen Klassenzimmern immer mal wieder lauthals verlangt. Bei der Armee gediente Leute bieten sich ja für den Geschichtsunterricht oder die »Staatsbürgerkunde«, auch als »Wehrkunde« im Gespräch, geradezu an!

## Ländlich sittlich.

Lehrer (in der ersten Unterrichtsstunde einer Kameruner Volksschule): „So, liebe Kinder, jetzt wollen wir beginnen — setzt euch 'mal alle auf diese Bank!" — „Da

*102* E. Bahr, 1904.

sind wir, Massa!"

**Die Neger.**

Es ist euch gewiß bekannt, daß die Neger noch auf einer verhältnismäßig niedrigen Bildungsstufe stehen; bei einem großen Teile von ihnen kann der ganze Lebenslauf in die Worte: Essen, Trinken, Schlafen zusammengefaßt werden. Das Bedürfnis der Kleidung haben sie fast alle nicht. Sie sind nicht bloß durch den gräßlichen Sklavenhandel, sondern auch durch die emsigen, christlichen Missionare mit den Weißen vielfach in Berührung gekommen. Diese ließen es sich angelegen sein, die Mohren geistig und sittlich zu heben; aber die Ergebnisse ihrer Bemühungen waren dürftig. Sobald man den Neger wieder sich selbst überläßt, sinkt er in die frühere Barbarei zurück. Der ihm mühsam aufgezwungene äußerliche Firnis der Gesittung fällt ab.

Paul Th. Hermann, Diktatstoffe, Leipzig 1913, S. 157

*103* Anonym, Studt bringt den polnischen Kindern das deutsche Vaterunser bei, 1906

*104* Anonym, Es ist furchtbar, täglich muß ich Polen aufs neue besiegen, 1908

Was ist Polen an Städten, Bildung und sonstiger Kultur besitzen, haben sie von den Deutschen bekommen. So ist Preußen der größte Wohltäter der Polen geworden, wenngleich die Polen das nicht anerkennen wollen. Ein Volk von höherer geistiger und wirtschaftlicher Kultur ist berechtigt, niedriger stehende Völker sich national zu unterwerfen.

A. Kraffzick: Lehrbuch der Geschichte für Mittel- und höhere Mädchenschulen. Berlin 1924, S. 141.

*105* Anonym, Der preußische Unterofficier und der Landschullehrer, 1844

*106* Anonym, Rekrutenbelehrung, 1893

*107* Anonym, Instruktionsstunde, 1893

## Zur neuen Schulordnung.

Bürger: „Sie, Herr Gendarme, kommen S' mit mir! In dem Wirthshaus da vorn am Eck wird fürchterlich gerauft." — Gendarme: „Wie mögen S' nur so dumm red'n; glaub'n S', ich hab' nichts wichtiger's z' thun, als mich in a' Rauferei z'mischen — seh'n S' denn nicht, daß ich a' säumig's Schulkind vorführ'n muß."

*108* Anonym, 1881

„Was, Müller, haben Sie an der Methode meines Geschichtsunterrichtes auszusetzen?“

*109* Kurt Halbritter, 1967

## Lehrerweiber

Wir fordern, daß der Unterrock durch die Hosen ersetzt wird!
(Ein französischer Frauenclub 1848)

Zum Wohle des armen Dorfschullehrers möchte ich annehmen, daß die Karikatur gar nicht so sehr über seine Bemühungen um das geistige Wohl der Schuljugend spottet, sondern wohl eher das System meint, das er verinnerlicht, obwohl es ihn unterdrückt.
Um seine weiblichen Kolleginnen steht es weit schlimmer: Die Karikatur nimmt zunächst gar keine Notiz von ihnen, die doch schon im Mittelalter in diesem Beruf tätig sind, als Ehefrauen der Schulmeister aber häufig eine untergeordnete Rolle spielen.
Mit den höheren Töchterschulen, die als private Anstalten um die Mitte des 18. Jahrhunderts großen Aufschwung erleben, allerdings erst 1908 in das öffentliche höhere Schulwesen eingegliedert werden, entsteht ein Bild von ihnen, das alles an Erwartungen enthält, die *man* an sie haben kann.
Jahrhundertelang ist der Kampf der Frauen um die Emanzipation von der Karikatur als der Kampf um die Hosen dargestellt worden. Doch in den Schulkarikaturen sind die Lehrerinnen kaum diejenigen, die die Hosen auch anhaben!
Von den männlichen Zeichnern werden sie an ganz anderen Dingen gemessen: an ihrer Schönheit, an Mut und Güte, an klassischen Rollenmustern also, die sie im Bild aber eben nicht erfüllen. Dort sind sie ganz im Gegenteil von unerbittlicher Strenge und Härte und erschrecken doch vor einer Maus, sie sind wie ihre männlichen Kollegen verhärmt und obendrein noch häßlich. Das ist nicht weiter verwunderlich, wenn doch nur die in diesem Berufe verbleiben dürfen, die sich im Laufe der Zeit nicht verheiraten. Wer bleibt da schon noch übrig?

*110* Johann Rudolf Schellenberg, Schweigende Ergebung, 1785. In Schellenbergs Kupferstichserie »Freund Heins Erscheinungen in Holbeins Manier« besucht der Tod auch »Mutter Sara«. Die Lehrerin entspricht ganz dem häßlichen Klischee von der weiblichen Lehrkraft, wenn der Text bemerkt: »... denn der Weisheit Honigseim floß aus dem entzahnten Munde ...« Die Schule der »Mutter Sara« steht zwar in Konkurrenz zu der Kirche: »Trotz des Nachbars Küsters Neid blühte wie ein Rosengarten, ihre Schule, weit und breit...«, doch das ist ihr wichtiger als alle eitle Schönheit: »... und das schmeichelte der Alten mehr, als ihrer Stirn die Falten.«

*111* Conrad Martin Metz, Schule, 1810.

»Lasset die Kinder Gott verehren,
auf's Wort der Lehrer achten;
in Ehrfurcht auf die Eltern hören
und nach Gehorsam trachten.«
Im Hintergrund ist die »dunce's cap« zu sehen, die der deutschen Eselsmütze entspricht.

*112* Grandville, 1842

## Die couragirte Lehrerin.

Kinder: „Fräulein, da läuft eine Maus!" — Lehrerin: „Seid Ihr dumme Kinder — ich glaube gar, Ihr fürchtet Euch!"

*113* H. Albrecht, 1884

## Weibliche Beamte

Zeichnung von E. Thöny.

„Daß wir ihnen das Brot wegnehmen, haben sich die Männer selbst zuzuschreiben — warum heiraten sie uns nicht!“

*114* Eduard Thöny, 1905

## Religiöse Erziehung

(Zeichnung von Th. Th. Heine)

„Wie lautet das sechste Gebot?“ — „Du sollst nicht erbrechen.“ — „Falsch! ‚Du sollst nicht ehebrechen‘ heißt es. Pfui, du verworfenes Geschöpf, was soll einmal aus dir werden, wenn du dir dieses Gebot schon als kleines Kind nicht merken kannst!“

*115* Th. Th. Heine, 1903.

### Volksschulgesetz v. 26. April 1873.

Nach §. 17. geprüfte, unverheirathete Lehrerinnen können an Volksschulen, sofern diese Classen mit gemischten Geschlechtern haben, nur zur Verwendung in Unter- und Mittelclassen, in den Mädchenschulen dagegen und in der Mädchenabtheilung größerer Schulanstalten zur Verwendung in allen Classen ständig angestellt werden.

Lehrerinnen, welche während ihrer Dienstzeit sich verheirathen, haben mit diesem Zeitpuncte, ohne Anspruch auf Ruhegehalt, ihre Stelle niederzulegen.

Codex des im Königreich Sachsen geltenden Kirchen- und Schulrechts.

*116* Erich Schilling, 1928

Die demokratische Frau Oberstudienrat Schulze liest, um mehr geistig als körperlich zu wirken, Gedichte ihres Parteigenossen Freiligrath vor.

*117* Kurt Halbritter, 1965

„... und hilf auch dem Atheistenbengel zum rechten Glauben, Amen!"

Lehrerin: „Wo ist der Tuchfetzen, mit dem die Tafel abgewischt wird? Ihr ärgert mich noch zu Tode ... wenn ich dann gestorben bin, was würdet ihr mir denn auf den Grabstein schreiben?"
(Der kleine Bubi): „Hier liegt der Fetzen!"

*118* Paul Simmel, um 1930

1. Traum
Unser sinnliches Fräulein

*119* Johannes Hickel, 1980

## Mens sana in corpore sano – die geschlechtslose Schule

Wenn nach Friedrich Schiller in der Satire »die Wirklichkeit als Mangel dem Ideal als der höchsten Realität gegenübergestellt« wird, so heißt dies nichts anderes, als daß Karikaturen von der Diskrepanz leben, die zwischen Anspruch und Wirklichkeit besteht. Wo aber könnte sie größer sein als im Bereiche unseres Trieblebens? Und um wieviel multipliziert sie sich, wenn dieses auch noch zum Schulfach erhoben wird? Hat doch der Lehrbetrieb rein etymologisch kaum etwas mit unserem stärksten Trieb gemein!

Mit verschlossenen Augen vor diesen unüberwindbaren Schwierigkeiten traten dennoch bereits im ersten Jahrzehnt nach der Jahrhundertwende Bestrebungen auf den Plan, die Sexualkunde in die Schule einzuführen. Daß man dabei auf Lehrkräfte zurückgreifen konnte, die ihre ganze persönliche und private Erfahrung einzubringen wußten, hätte es eigentlich überflüssig machen müssen, daß die Diskussion immer wieder so stark aufflammt. Ob dies an der mangelhaften Lernzielkontrolle liegt?

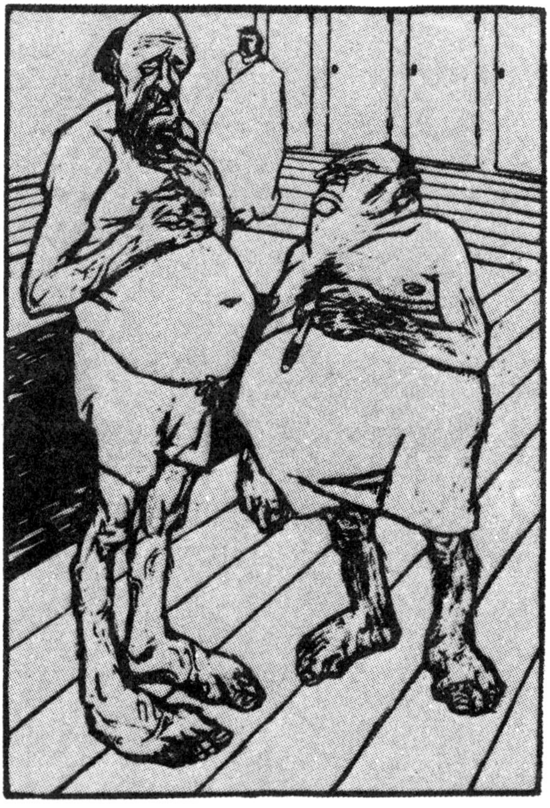

*120* Bruno Paul, Das weiß Gott!, 1906. »Man kann sagen, was man will, Herr Oberstudienrat, ein nackter Körper ist doch was Scheußliches!«

# Der Hund des Pädagogen

(Zeichnung von Th. Th. Heine)

„Unser Ami nähert sich dem Alter der geschlechtlichen Reife. Wäre es da nicht angezeigt, meine Teure, ihn beizeiten über die sexuelle Frage aufzuklären?"

*121* Th. Th. Heine, 1906

**Macht der Gewohnheit**

Lehramtskandidat (nachdem er seine Braut herzhaft geküßt hat): „Und nun, liebe Emma, wiederholen wir!"

*122* Oskar Zwintscher, 1906

„Im wesentlichen unterscheidet sich die Frau vom Mann durch den langen Haarwuchs!“

*123* Volker Ernsting, 1964

„Wir haben auch schon eine Vorstellung von der Gestaltung des Aufklärungsunterrichtes, Herr Referendar.“

*124* Kurt Halbritter, 1967

*125* Peter Gaymann, 1981

# Schülerleid

> Mir wird von alledem so dumm,
> Als ging' mir ein Mühlrad im Kopf herum.
> (Johann Wolfgang von Goethe, Faust.
> Der Tragödie erster Teil)

So einfach wie der Lehrer läßt sich der Schüler vom Karikaturisten nicht erfassen, zu schillernd äußert sich seine Persönlichkeit, ist von dumm bis renitent mit allen Adjektiven zu beschreiben. Mit seiner Welt hat der Lehrer nichts gemeinsam, die beiden sind sich ebensosehr fremd wie Traum und Wirklichkeit. Eher flieht der Schüler in den Selbstmord, als daß er seinem Lehrer traut.

Der Druck auf ihn entstand natürlich früher unter ganz anderen Voraussetzungen als heute: wer auf einen Dorfschullehrer traf, wurde anders angefaßt, als wer dem Oberlehrer unterstand. Jener prügelte seinen Hintern mit dem Stock, dieser seine Psyche mit Latein und Griechisch. Um 1900 wurden 90 % der preußischen Schuljugend auf diese Weise in den Volksschulen versohlt, denn nur etwa 2 % machten Abitur. Heute sind dies schon bis 40 % der Schuljugend, wie z. B. im Bundesland Bremen. Auch zwischen Stadt und Land zeigten sich früher erhebliche soziale Gegensätze: Wurden 1906 in Preußen zirka 62 Reichsmark für einen Stadt-Volksschüler ausgegeben, so waren es auf dem Land nur 27 Reichsmark.

Die Schüler wehrten sich zunächst kaum. Ein Satz wie: »Die Kinder sollen lesen, schreiben, rechnen lernen, für weitergehende Dinge aber sehe ich kein dringendes Bedürfnis« zeigt, wie ihrem Einfluß auf das Schulsystem die Grenze gewiesen wurde. Die Auflehnung blieb späteren Schülergenerationen vorbehalten. Weimar und die sechziger Jahre werden sie schon ganz anders wieder zu Wort kommen lassen.

PROFESSEURS ET MOUTARDS.

M'sieu.... **M'sieu.... M'siiieu.....** christi que c'est tannant d'avoir la colique quand le Pion pionse......

*126* Honoré Daumier, 1846. »Herr Lehrer, Herr Lehrer! Mein Gott, das ist ja unerträglich, die Hosen voll zu haben, wenn der Pauker pennt!«

*127* Gustave Doré, um 1860. Mit Eselsmützen knien die Schüler völlig verängstigt vor ihrem Lehrer in einer kirchlich geführten französischen Schule, in der unterdessen die fünfschwänzige Knute für den nötigen Gehorsam sorgt.

## Aus der Dorfschule.

*128* Lothar Meggendorfer, 1881

**Aufsatzthema:**
**Die nachtheiligen Folgen der Faulheit**
1) Wen nennt man faul?
2) Schilderung eines faulen Schülers.
3) Nachtheil.
Folgen der Faulheit:
a) Der Faule bleibt in nützlichen Kenntnissen und Geschicklichkeiten zurück,
b) er wird verachtet,
c) bestraft,
d) der faule Arbeiter erwirbt wenig oder gar nichts,
e) er geräth in Armuth und Noth,
f) der Faule wird überhaupt leicht zu Sünden und Thorheiten verleitet.
Carl W. Eulenhaupt, Handbuch für den Unterricht, Bamberg 1869, S. 135.

*129* Blix, um 1904. »Dieser ungeratene Bengel! Nicht weniger als sechs Fehler habe ich in seinem Abschiedsbrief an mich gefunden.«

Rekord auf englischen und deutschen Schulen (Th. Th. Heine)

Neun Tote bei einem Fußballmatch.

Elf Schülerselbstmorde an einem Gymnasium.

*130* Th. Th. Heine, 1908. Schülerselbstmorde, meist aus Angst vor Strafe, häufen sich nicht nur um die Jahrhundertwende: 1915 bis 1921 gehen 488 Schüler unter 15 Jahren in den Freitod.

## Pädagogik

(Zeichnung von Erich Schilling)

„Die zahlreichen Schülerselbstmorde aus verletztem Ehrgefühl müssen uns mit tiefer Betrübnis erfüllen, Herr Kollega, denn leider ist es uns noch nicht gelungen, eine Strafe zu finden, welche die Bande von solchen Frivolitäten abhält."

*131* Erich Schilling, 1908

**Nobel**

Paul Rieth (München)

„Wenn ich in Prima aufsteigen darf, hält mir mein Papa einen Gaul!“ — „Mir der Meinige ein Automobil!“
„Mir der Meinige eine Maitresse!“

*132* Paul Rieth, 1906

Der Gymnasiast

*(Bruno Paul. 1902)*

*133* Bruno Paul, 1902. »So oft ich in der Nase bohr, muß ich dreißig Verse Homer auswendig lernen. Das nennt man dann humanistische Bildung.«

*134* Jean-Jaques Sempé, 1960

*135* Charles M. Schulz, 1977

Strebsamer Schüler

*136* Johannes Hickel, 1980

## ZWISCHEN DEN WELTKRIEGEN

In der Zeit des Ersten Weltkrieges wandeln sich die bis dahin weitgehend bürgerlich-liberalen Stellungnahmen der Karikaturisten eindeutig zu nationalistischen Haltungen. Auch die Schulkarikatur muß Dienste für das Vaterland übernehmen, soweit überhaupt noch ein Interesse an ihr besteht; die rein politischen Themen mit ihren Feindbilddarstellungen stehen jetzt im Vordergrund.
Nach dem Krieg hat die Karikatur, die jetzt übrigens schon fotografisch reproduzierbar ist, dafür um so mehr Stoff zu bewältigen: Schulreformen werden in Angriff genommen, revolutionäre und konservative Schülergruppen bekämpfen sich, die Lehrerarbeitslosigkeit nimmt bis dahin ungeahnte Dimensionen an (!), Schüler und Lehrer streiken.
Und natürlich reagieren die Karikaturisten: Fritz Wolff vom *Ulk* warnt beständig vor einer Lehrermentalität, die sich nicht mit der republikanischen Staatsform verträgt. Auch der *Simplicissimus* widmet der Schule in diesen Jahren mehrere Titelseiten: Die Karikatur der Schulpolitik löst die des Oberlehrers ab. Geradezu prophetisch in der Erahnung des kommenden Schicksals ist eine kleine Zeichnung von A. Florath, der bereits 1920 das Hakenkreuz an den Schulen registriert.
Spätestens für die Zeit ab 1933 gilt Ähnliches wie für den Ersten Weltkrieg: Die Schulkarikatur muß den traurigen Zweck der Feindbildpropaganda erfüllen. Viele Zeichner müssen unter den gegebenen politischen Umständen emigrieren, so u. a. Th. Th. Heine, der Zeichner, der von allen über Jahrzehnte hinweg das Schulwesen am schärfsten beobachtet hat, und dessen satirisches Genie in diesem Buch mit den meisten Abbildungen gewürdigt wird.

## Vom Kriegsgeschäft

„Warum nennt man einen, der schwer gestraft wird, einen armen Sünder?" — „Weil ein reicher Sünder nicht schwer gestraft wird."

*137* Anonym, 1916. Eine ganz seltene Zeichnung des Simplicissimus aus den Kriegsjahren, in der Schülern oder Lehrern einmal nicht die Propaganda in den Mund gelegt wird, sondern im Gegenteil auf die Profite der Rüstungsindustrie als wahrem Hintergrund angespielt wird. Es ist bezeichnend, daß diese Karikatur anonym bleiben mußte.

„Na, Mensch, bei die Jröße is det keen Wunder, wenn er immer jleich die janze Lage übersieht!“

*138* E. W. Silber, 1915

Der kleine Werber.

– Für welche Bank bist du denn tätig?
– Für die Schulbank!

*139* Harry Jäger (?), 1917

*140* Fritz Wolff, 1918

*141* Fritz Wolff, 1922

An den vier Zeichnungen aus der Zeitschrift »Ulk«, Berlin, von 1915–1922 läßt sich gut verfolgen, wie abhängig die Karikatur von der jeweiligen politischen Situation ist. Die beiden Zeichnungen aus der Zeit des 1. Weltkrieges zeigen Schulkinder im Dienste der Kriegspropaganda: Die einen verherrlichen Hindenburg in einer Statue (Abb. 138), ein anderer wirbt mit der Aufschrift »Zeichnet Kriegsanleihe!« auf einer Schultafel. Nach dem Krieg steht der Schüler in den Augen des Zeichners voll zur Schulreform (Abb. 140), und der reaktionäre Lehrer wird wieder kritisiert (Abb. 141).

## Republik und Schule – ein Widerspruch?

Langgehegte Schülerträume scheinen sich zum ersten Male zu erfüllen – analog zu den revolutionären Arbeiter- und Soldatenräten bilden sich kurz nach Kriegsende die sogenannten Schülerräte. Sie tanzen den Lehrern nicht nur auf den Tischen herum, sondern verkehren die Machtverhältnisse im Klassenzimmer sogar soweit, daß die Lehrer jetzt wieder die Schulbank drücken müssen. Diese ergeben dabei ein weitaus kläglicheres Bild als eine halbwegs außer Kontrolle geratene Schülergruppe.

Doch können sich die Lehrer nicht an die neuen Zustände gewöhnen, zu sehr ist ihre Rolle der monarchistisch-preußischen Ordnung verhaftet. So kommt es, daß der frischgebackene Studien*rat* seine Frau mit dem neuen Titel politisch verschreckt oder in der Beibehaltung seiner Marschordnung beim Klassenausflug wie ein wandelnder Anachronismus wirkt.

Schon immer war die Schule ein Streitobjekt zwischen Kirche und Staat; wer die Erziehungsrichtlinien bestimmt, setzt damit auch seine politischen Vorstellungen durch. Zum ersten Mal aber wird dieser Kampf ums Alphabet zum Pokerspiel zwischen den Parteien, das damit endet, daß die SPD den Forderungen nach einer konfessionellen Schule nachgibt, um Stimmen für die Ratifizierung des Versailler Vertrages zu gewinnen. Wie zentral das Problem der Schulpolitik ist, erweist sich daran, daß das Kabinett des Reichskanzlers Wilhelm Marx 1928 über den Schulgesetzentwurf stürzt.

Auch andere Probleme der Weimarer Republik finden Eingang in die Schulkarikatur, so die Wohnungsnot und die Arbeitslosigkeit, die zu den vielen Schüler- und Lehrerstreiks führt. Das kurzlebige Experiment Demokratie kann sich letztendlich auch im Punkt des Schulwesens nicht behaupten.

*142* Fritz Wolff, 1918

Flugblatt der Kommunistischen Kindergruppen, 1922:

Zerbrecht den Rohrstock, der euch für das ganze Leben zu Knechten machen soll! Werft die Stücke auf den Kehrichthaufen, wohin sie gehören! Zeigt damit euern Unterdrückern und Peinigern, daß ihr freie und mutige Menschen werden wollt! Wehrt euch gegen die Prügelhelden! Schart euch zusammen!

Seid bereit zum Kampf für die Sache Ernst Thälmanns! Berlin 1958, S. 117.

*143* R. Grieß, 1918

*144* A. Kraska, 1920

## Marschlied

Zeichnung von Fritz Wolff

„O herrlich Land, o glücklich Land, – wo Ordnung herrschen und Verstand!"

*145* Fritz Wolff, 1920

## Der Schultyrann

„Die Zeiten werden wieder besser: Die Schüler singen „Heil dir im Siegerkranz" und die Schülerselbstmorde beginnen auch wieder."

*146* Alois Florath, 1923

## *Kommunistischer Schulstreik*

*(Wilhelm Schulz)*

*„Nieder mit dem kapitalistischen Einmaleins! – Es lebe die Weltrevolution!"*

*147* Wilhelm Schulz, 1930

## Fall Maldaque

(Th. Th. Heine)

„Ob Kommunistin oder nicht – eine bayerische Lehrerin, die nicht zur Bayerischen Volkspartei gehört, gehört ins Irrenhaus!"

*148* Th. Th. Heine, 1930

„Hast du in eurem Zimmer keinen Stundenplan an der Wand?" —
„Nee, Herr Lehrer — wir ham keene Wand! Wir wohn' in de Mitte!"

*149* Olaf Gulbransson, Volk ohne Raum, 1927

***Die Schulen werden so stark verkleinert, daß die Schüler, in Schichten übereinander gelagert, unterrichtet werden müssen.***

*150* Erich Schilling, Prophezeiungen für das neue Jahr, 1931

# Die Not der Junglehrer

## 30000 wollen Arbeit

**Dreißigtausend preußische Junglehrer warten auf Anstellung; die Zahl der jährlich zur Einstellung kommenden beträgt aber nur 1500. In allen möglichen Berufen, in denen sie wegen ihrer einseitigen Vorbildung nur als ungelernte Hilfskräfte Verwendung finden, suchen sie Erwerb. Dabei werden sie ihrem Berufe naturnotwendig entfremdet. Es ist zu befürchten, daß die in innerer Umstellung begriffene Volksschule in Zukunft nicht die Lehrer haben wird, die sie braucht. Das Schicksal der Junglehrer von heute ist das Schicksal der Schule von morgen. Zwar sind in begrenztem Maße Fortbildungszuschüsse ausgeworfen worden, die solchen Junglehrern zugute kommen, die innerhalb eines Jahres auf Einstellung rechnen dürfen, aber diese Hilfe ist ganz unzulänglich. Denn es geht hier nicht um das Wohl und Wehe der Junglehrer, sondern um das der preußischen Volksschule.**

Die vom Preußischen Lehrerverein nach Berlin einberufene Junglehrer-Versammlung, die gestern im überfüllten Saale des Lehrervereinshauses stattfand, nahm eine Entschließung an, die die Junglehrernot als „Kulturschande" bezeichnet und ein Notgesetz verlangt, das die Klassenbesetzungsziffer wesentlich herabmindert, so daß die ohne ihre Schuld berufsfremd gewordenen Junglehrer in ihren Beruf hineinkommen können und die Entwicklung der volksstaatlichen Schule gesichert wird.

Wohl aus dem Gefühl heraus, daß Gegenargumente bei der Versammlung taube Ohren finden würden, nahmen die anwesenden Vertreter des Kultus- und Finanzministeriums davon Abstand, das Wort zu ergreifen. Das ist zu bedauern. Dem Minister Becker wurde eine Entschließung zugesandt, die ihm das Mißtrauen der Junglehrerschaft ausspricht.

(Aus: Vossische Zeitung, 12. 4. 1926)

München, 19. Oktober 1931 **Preis 60 Pfennig** 36. Jahrgang Nr. 29

# SIMPLICISSIMUS

Herausgabe: München BEGRÜNDET VON ALBERT LANGEN UND TH. TH. HEINE Postversand: Stuttgart

*Die abgebauten Junglehrer* *(Wilhelm Schulz)*

*„Sie müssen Ihre Existenz dem Staatswohl opfern, meine Herren! Analphabeten lassen sich leichter regieren, und die Notverordnungen werden sowieso durch den Rundfunk bekanntgemacht.“*

*151* Wilhelm Schulz, 1931

**An Deutschlands höheren Schulen**

*Zeichnung von Alois Florath*

— „Wir haben jetzt einen feinen Studienrat, Lisa! Der zeichnet die Fehler nicht mehr mit Kreuzen, sondern mit Hakenkreuzen an!"

*152* Alois Florath, 1920

> Krieg, Krieg und noch einmal Krieg ist die Losung der Schule! Den Kindern wird zur Pflicht gemacht, patriotische Leitartikel zu schreiben, statt Aufsätze ... Die hurrapatriotischen Aufsatzthemata, die hurrapatriotische Gesinnung, von der der ganze Unterricht heute auf höhere Anweisung getragen wird, sind geradezu ein Krebsschaden.
>
> Karl Liebknecht, Reden und Aufsätze, Hamburg 1921, S. 24

## Entwicklungsgeschichte (P. Schondorff)

„Wie heißt die Periode der Erdgeschichte, in der sich unsere heutige Entwicklungsstufe vorbereitete?" — „Die — die Inflationszeit."

*153* P. Schondorff, 1924

## Pädagogik

(Zeichnung von Rudolf Wilke)

„Gerade für den humanistisch Gebildeten ist der Stechschritt darum von besonderem Werte, weil er allein die großen Erinnerungen von der Cheruskerschlacht bis Sedan darin auszudrücken vermag."

*154* Rudolf Wilke, 1906

## Rapport

Zeichnung von Lothar Reiz

„Wolfdietrich, ich habe dich vermißt auf unserem Thing im Teutoburger Wald!"

„Verzeihung, Herr Oberstudienrat, ich war abkommandiert als Träger der Idee!"

*155* Lothar Reiz, 1929

Während Rudolf Wilke den Lehrer 1906 noch fast liebevoll spöttelnd in Erinnerungen an vergangene Schlachten schwelgen und von rechts nach links, also gleichsam rückwärts schreiten läßt, steht die auffallend ähnliche Karikatur von 1929 in einem neuen Zusammenhang: vormals militaristische Züge des Lehrers erhalten faschistischen Charakter, auch sichtbar im Wandel des zunächst nur linealbestückten Schülers zum Hakenkreuzträger mit schwelender Bombe.

*156* Anonym, Bolschewistischer Geographie-Unterricht, 1936. »Zeige mir, Genosse Wolodja, wo unsere liebe Sowjet-Stadt Barcelona liegt! – Bravo! Getroffen!«

Die Feindbildkarikatur zeigt ein heruntergekommenes sowjetisches Klassenzimmer mit Schülern, die den faschistischen Klischeevorstellungen vom Untermenschen entsprechen sollen.

**Habe ich den nicht schon mal gesehen?** (Auf den Saum des Lehrergewands hat Vicky im „News Chronicle“ ALLIED M AL-ADMINISTRATION eingezeichnet)

*157* Vicky, 1947

*158* Arno Ploog, 1966

# Bürgerwohlstand, Bildungsnotstand

Nach kurzdauernder alliierter Schulaufsicht wird das Schulwesen 1946 in die Hände deutscher Behörden gelegt, untersteht aber bis heute jeweils der Hoheit der Bundesländer, die in ihren ministeriellen Erlassen und Verordnungen das Einzelne regeln.
Der Karikaturist muß aber erst wieder aufhorchen, als Ende der Fünfziger Jahre Stimmen laut werden, die eine Bildungskatastrophe heraufbeschwören: Es seien nicht genug Akademiker vorhanden, die der zukünftig immer schnelleren Entwicklung von Forschung und Wissenschaft gerecht würden und den mittlerweile nach den Aufbaujahren sich abzeichnenden Wohlstand sichern könnten. Mit aller Macht werden Schulkinder an die Gymnasien gelockt, die seinen Fortbestand garantieren sollen; die Universitäten werden ausgebaut und Schulreformen unter dem Ziel der Chancengleichheit in Angriff genommen. Die Warnung vor der Katastrophe bleibt noch in den Sechziger Jahren lange wach. Fast ebenso unvermittelt folgt in den Siebzigern die Ernüchterung – die Situation wirkt sich ins Gegenteil aus, die Statistiken geben den Propheten unrecht. Nicht mehr zuwenig Akademiker hatte man da auf einmal, sondern man spricht sogar vom Akademikerproletariat.
Auch dem Schüler geht es nicht besser. Wer sich zu einem Schulabschluß durchgelernt und -gekämpft hat, kann um 1960 herum mit dem Schulabgangszeugnis in der Hand seine Forderungen dem Lehrherrn noch diktieren. Zwanzig Jahre später besetzen sein Berufsfeld schon Abiturienten, die nicht mehr in die überfüllten Universitäten passen: Der Schulabschluß reicht zur beruflichen Qualifikation nicht mehr aus.

*„Wenn wir Petra dann auf die Oberschule schicken, Paul, solltest du auch endlich aus die Gewerkschaft austreten!"*

*159* R. (?), 1960. Im Zuge des Wohlstands scheint der soziale Aufstieg über die Bildung dem Klassenbewußtsein des Arbeiters zu widersprechen.

*„Wie kannst du denn so einen Lausebengel grüßen?" – „Pscht, er hat durch seinen Manager für 1967 einen Lehrvertrag unverbindlich in Aussicht stellen lassen!"*

*160* G. Hentrich, Arbeit nehmen ist seliger denn geben, 1961

**„Da haben wieder zwei den gleichen Notendurchschnitt und nur einen Studienplatz"**

*161* Horst Haitzinger, 1975

*162* Ernst Böse, 1979

*163* Jupp Wolter, 1975. »Hier, dein Führerschein! Aber fahr' vorsichtig!«

*164* Horst Haitzinger, 1980. »Streng dich an Fritzchen, da drüben will dir schon wieder einer deinen Studienplatz streitig machen!«

*165* Anonym, 1789

*166* Jupp Wolter, 1981

Während das Titelbild von J. H. Campes »Väterlicher Rath für meine Tochter« (Braunschweig 1789) ganz dem Geist der Aufklärung entsprechend das Mädchen vor dem Sturz über die »Klippe des Lebens« bewahrt, weist in der Zeichnung J. Wolters der Arm des Lehrers die Richtung in das Unglück.

*167* Max und Moritz, Wilde Wandmalerei gegenüber einem Gymnasium in Aachen, 1981, mittlerweile zerstört.

In den Schulen wirkt sich seltsamerweise die Lehrerschwemme trotz großer Klassen in einer hohen Zahl von arbeitslosen Lehrern aus, die noch ständig steigt. Gewissensüberprüfungen und Berufsverbote sowie ablehnende Bescheide an examinierte Lehrer mit »nur« gutem Notendurchschnitt entsprechen einer Bildungspolitik, die von den finanziellen Aufwendungen her die Bundesrepublik unter die allerletzten bei den europäischen Ländern verweist. Sollte die vor zwanzig Jahren heraufbeschworene Bildungskatastrophe doch Wirklichkeit geworden sein?

Seit einigen Jahren also wechselt der Lehrer beständig seine Rolle und zeigt sich damit sehr verwandlungsfähig. Ist er zuerst von der Muse des Kultus arg umschwärmt, erscheint er nach den Jahren der Studentenbewegung bald linksseitig besonders ausgeprägt, was natürlich die schulchirurgische Wissenschaft zu einigen operativen Eingriffen zwingt, um diesem Phänomen auf die Spur zu kommen. Kaum hat sie dieses Problem bewältigt, sieht sie sich schon einem neuen gegenüber: der Lehrer zeigt eine die ganze Bevölkerung beunruhigende Kraftlosigkeit, die ihn nur noch in der Hängematte aushalten läßt.

Da der Schulmediziner dies als Faulheit diagnostiziert, entschließt er sich dazu, ihn einfach zu teilen. Auf diese Weise kann der träge, faule Teil sich weiterhin wie gewohnt der Muße widmen, während der halbe oder – bei weniger krassem Krankheitsverlauf – Dreiviertel-Lehrer fortan seinen pädagogischen Zeigefinger fleißig für beide Teile in die Höhe hält, um sein Dasein zu fristen.

Der Mangel an jungen Leuten, welche sich dem Lehrfach widmen, ist so groß geworden, daß die Regierung in Potsdam, Abtheilung für Kirche und Schule, die Lehrerstellung als eine besonders vortheilhafte anpreisen muß, um Aspiranten herbeizulocken.

*168* Anonym, 1875

**Lehrermangel**

...Nach Schätzung des Frankfurter Professors Hans Heckel fehlten in der Bundesrepublik schon 1958 über 7000 Lehrer, und 53 000 würden fehlen, wenn man das neunte und zehnte Schuljahr verwirklichen und die Klassenfrequenz einheitlich auf 35 Schüler bringen würde.
Der Spiegel 19/1960, S. 28

*169* Gerhard Seyfried, 1978

*„Und dies ist die Wirbelsäule eines Lehramtsbewerbers n a c h der Behandlung mit unseren Einstellungsbedingungen."*

*170* Anonym, Wirbelsäule eines Lehramtsbewerbers, 1977

*171* Anonym, 1976

»Die letzte Mathearbeit der 5 c scheint echt beschissen ausgefallen zu sein!«

*172* Markus, 1980

Eine Stelle hab ich nicht
für Sie – aber einen Lehrerkalender . . .

*173* F. W. Bernstein, 1981

*174* Horst Haitzinger, 1976

*175* E. Heidemann, Alptraum, 1977

„Wenn Ihnen soviel daran liegt, gerade diesen Beruf auszuüben, dann verstehe ich nicht, warum Sie auch noch Geld dafür wollen!"

*176* Peter Gaymann, 1981

# Traumberuf

Der ideale Lehrer soll durch die doppelte Fähigkeit gekennzeichnet sein, Disziplin zu halten und zu unterrichten. Die geistig-seelische („nervliche") Beanspruchung ist hauptsächlich damit charakterisiert, daß auf engem Raum mit vielen Schülern (meist Kindern oder Jugendlichen) eine volle geistige Präsens mit hoher Reaktionserfordernis bei großer Verantwortung („Dompteursituation") gefordert wird. Soweit der Streßbegriff im Berufsleben überhaupt anwendbar ist, so ist er hier zu zitieren. *(Zeitschrift „Arbeitsmedizin, Sozialmedizin, Präventivmedizin", 7/79, Sonderbeilage)*

*177* Hans Traxler, 1979

*178* Horst Haitzinger, 1979

## Die pädagogische Müllabfuhr

Zwischen den beiden Extremen des propagierten Bildungsnotstandes und der »Lehrerschwemme« greift um 1970 herum im Anschluß an die Studentenbewegung eine Politisierung auf die Schüler über, die sich nunmehr gegen überkommene Unterrichtsinhalte und rigide Formen des Schulbetriebs wenden. 1967 werden unter antiautoritärem Vorzeichen in siebenundzwanzig bundesdeutschen Städten »Aktionszentren unabhängiger sozialistischer Schüler« (AUSS) gegründet; die Schülermitverwaltungen (SMV) an den Schulen schrecken mit ihren politischen Forderungen die Lehrer aus dem Winterschlaf des ruhigen Wohlstandsbürgers auf. Sie stehen einer ebenso fassungslosen Lehrerschaft gegenüber wie die Schülerbewegung der Zwanziger Jahre – im Gegensatz zu Weimar geht es aber nicht mehr so sehr um eine weltliche, konfessionslose Schule, sondern eher um Bildungsinhalte und Selbstverantwortung. Die Revolte der »Schülergewerkschaften« währt allerdings nur kurz. Man kann ja auch auf Reformen warten . . .

*179* Kurt Halbritter, Demonstration einer Schülergewerkschaft, 1967. »Ruhig Blut, Herr Kollege, im Unterricht werden wir ihnen die Flausen schon wieder austreiben.«

*180, 181* Alfred Karch, Bernd Geiger, Bernhard Schuster, Schule wohin?, 1967. Karikaturen auf die Bildung von Schülergewerkschaften und den »Aktionszentren unabhängiger sozialistischer Schüler (AUSS)«. Der »Sozialistische Lehrerbund« (SLB) wird ein Jahr später gegründet.

*182* Chlodwig Poth, 1975

## Viele Köche verderben den Brei

Die Schulgesetzgebung unterliegt ja, wie bereits erwähnt, der Hoheit der Länder, die die Bundes- und Landesverfassung in ihrem Sinne mit Verordnungen ausfüllen können.
Wenn nun ein Kultusminister eines Landes sich einmal mit den anderen besprechen will, um am Bildungsgesamtplan zu kochen, bringt dies natürlich mit sich, daß alle anderen Kultusminister erst von sehr weit anreisen müssen. Nach langer Fahrt am Zielort endlich angelangt, sind sie meistens zu erschöpft, um sich noch zu einigen. Für Chancengleichheit sind sie ja im Prinzip, nur wird der Reformbrei unter solch widrigen Umständen oft ganz zäh. Weil viele also vor der schwierigen und mühsamen Arbeit zurückschrecken, beläßt man es lieber beim alten Schulsystem.
Aus diesem Grund kommt auch die Gesamtschule nur ganz langsam voran, und der Schüler wird heute noch wie gehabt vermessen und, je nach Land und Schulart, mit unterschiedlichen Bedingungen ins Bildungsrennen geschickt.
Wie sagte doch ein Kultusminister kürzlich? Ach ja: »Bildungspolitik ist wie Pinkeln gegen den Wind. Man macht sich dabei die eigene Hose naß.«

*183* Marie Marcks, Bildungsgesamtplan, 1971

*184* Fritz Wolf, Am Totempfahl der Bildungspolitik, 1978

*185* W. Hanel, 1978

»Meine Partei wird nicht zulassen, daß der Streit um die Gesamtschule auf dem Rücken unserer Kinder ausgetragen wird, Herr Kollege!«

*186* Markus, 1979

*187* Ernst Böse, 1980

*188* BU (?), 1976

*189* Marie Marcks, 1978

## Kleines Nachwort
Sollten wir da doch etwas übersehen haben?

*190* Johannes Hickel, 1980

Vergessener Schüler

# Abbildungsnachweis

*Titel* Anonym, Pädagogik, Holzschnitt, aus: Fliegende Blätter 1878 I, S. 46

*1* Th. Th. Heine, Fortschritt im Schulwesen, aus: Simplicissimus 1910/11, S. 846. Unterzeile: An den preußischen Schulen soll jetzt als neues Unterrichtsfach Staatsbürgerkunde eingeführt werden. Es ist selbstverständlich, daß der Unterricht von Schutzleuten erteilt wird.

*2* Peter Gaymann, nach der Originalzeichnung, 1981

*3* Anonym, Holzschnitt, aus: Kladderadatsch 1888, S. 113

*4* Marie Marcks, aus: Marie Marcks, Krümm dich beizeiten!, Heidelberg 1978, S. 117

*5* Hogli, aus: Hogli, Sicher ist sicher, Berlin 1980

*6* Panaitiosmaler, Terrakotta, um 500 v. Chr., aus: E. Langlotz, Griechische Vasenbilder, Heidelberg 1922, Taf. 19

*7* Anonym, Terrakotta, um 150 v. Chr., aus: Georg Wissowa, Parodia d'Una Scena di Scuola, in: Mittheilungen des Kaiserlich Deutschen Archaeologischen Institutes, Römische Abteilung, Bd. V, 1890, Taf. 1

*8* Anonym, Lateinische Wandzeichnung eines Schulabgängers, um 150 n. Chr., aus: Th. Woody, Life and Education in Early Societies, New York 1949, S. 591

*9* Burgundischer Meister, ABC (Wolfsschule), Steinrelief am Freiburger Münster, um 1205, Fotografie des Verfassers

*10* Anonym, Holzschnitt, aus: Rodericus Zamorensis, Spiegel des menschlichen Lebens, 1479

*11* Anonym, Abschreckungsflugblatt, Holzschnitt, 17. Jahrhundert, aus: Emil Reicke, Der Lehrer. Monographien zur deutschen Kulturgeschichte, Leipzig 1900, Beilage

*12* P. van der Heyden nach Pieter Brueghel d. Ä., Der Esel in der Schule, Kupferstich, 1557, aus: René van Bastelaer, Les Estampes de Peter Brueghel L'Ancien, Brüssel 1933, Taf. 142

*13* Francesco de Goya, Ob der Schüler mehr weiß?, Aquatinta-Radierung aus: Francesco de Goya, Caprichos, 1799, Taf. 37

*14* Wilhelm von Kaulbach, Kupferstich, 1846, aus: Johann Wolfgang von Goethe, Reineke Fuchs, 1867

*15* Grandville, Holzstich, aus: Verwandlungen von heute, 1829, Taf. LXIII

*16* Grandville, Das Lehrfach, welches darin besteht, die Zöglinge ins Freie zu führen, Holzstich, 1842, aus: Grandville, Bilder aus dem Staats- und Familienleben der Tiere, Frankfurt/M 1976, S. 334

*17* Wilhelm Busch, Naturgeschichtliches Alphabet, Buchstabe »E«, Holzstich, aus: Fliegende Blätter 1860, S. 12

*18* Johannes Hickel, Gefährlicher Typ, aus: Johannes Hickel, Sanfter Schrecken, Heidelberg 1980

*19* Hans Traxler, Chancengleichheit, 1975, aus: Hilfe Schule!, Berlin 1981, S. 218

*20* Trostspiegel-Meister, Holzschnitt, frühes 16. Jahrhundert, aus: Georg Hirth, Kulturgeschichtliches Bilderbuch aus 3 Jahrhunderten, München 1882-1890, Bd. I, Abb. 152

*21* Trostspiegel-Meister, Holzschnitt, frühes 16. Jahrhundert, aus: Hans Boesch, Kinderleben in der deutschen Vergangenheit, Leipzig 1900, S. 95

*22* Albrecht Dürer, Der Schulmeister, Holzschnitt, 1510, aus: Reicke, Der Lehrer, Beilage

*23* Jost Ammann, Kämpfende Schulknaben, Kupferstich, spätes 16. Jahrhundert, aus: Boesch, Kinderleben, S. 98

*24* Leonhart Beck, Singeschule, Holzschnitt, 1521, aus: Walter L. Strauss, The German Singleleaf Woodcut, New York 1975, Bd. 1, S. 117

*25* Barthel Beham, Ermanung für die Jugend, Holzschnitt, um 1530, aus: Friedrich Schulze, Bilderatlas zur deutschen Kulturgeschichte, Leipzig 1936, S. 269

*26* Anonym, Holzschnitt, 1592, aus: Reicke, Der Lehrer, S. 56

*27* Hans Holbein d. J. (?), Randzeichnungen, aus: Erasmi Roterodami Encomium moriae. Baseler Ausgabe von 1515, hrsg. v. A. Schmid, Basel 1931

*28* Matthäus Merian d. Ä., Kupferstich, 1630, aus: (Johann Philipp Abelin), J. L. Gottfriedt, Historische Chronica oder Beschreibung der fürnehmbsten Geschichten von der Erschaffung der Welt bis 1619, Frankfurt 1630

*29* D.C.A. Kortum, Wie der Knabe Hieronymus in die lateinische Schule kam, und wie er da nicht viel lernte., Holzschnitt aus: D.C.A. Kortum, Die Jobsiade. Ein komisches Heldengedicht, Vignette zum 7. Kapitel, Leipzig 1784

*30* Johann Christoph Weigel, Buchstabe »W«, aus: Neu erfundener Lust Weg zu allerley schönen Künsten und Wissenschaften, Nürnberg 1700, nach der Ausgabe von 1810

*31* Daniel Chodowiecki, Heiraths Antrag des Schulmeisters, Kupferstich, 1781, aus: Daniel Chodowiecki, Bürgerliches Leben im 18. Jahrhundert. Zeichnungen und Druckgraphik, Frankfurt/M 1978

*32* Johann Mettenleiter, Ermahnung an die Kinder seitens des Lehrers, Kupferstich um 1800, aus: Boesch, Kinderleben, S. 102

*33* Johann Mettenleiter, Der faule Schüler auf dem Esel, Kupferstich um 1800, aus: Boesch, Kinderleben, S. 103

*34* Johann Michael Voltz, Stadtschule, lavierte Zeichnung, um 1830, aus: Eugen Roth, 100 Jahre Humor in der deutschen Kunst, Hannover 1957

*35* Johann Michael Voltz, Dorfschule, lavierte Zeichnung, um 1830, aus: ebenda

*36* Chr. Gotth. Salzmann, Krebsbüchlein oder Anweisung zu einer unvernünftigen Erziehung der Kinder, 1780, Titelblatt

*37* Anonym, Die Schulprüfung zu Krähwinkel nach Einführung der Lautir-Methode und des wechselseitigen Unterrichts, Lithographie, aus: Die Pädagogick und die Pädagogen, Nürnberg 1826, Abb. 5

*38* Gehring, Der Eiferer um das Rechte, oder politisch-pädagogisch-satyrischer Feldzug eines Juden-Schulmeisters, Nürnberg 1826, Taf. II, Lithographie

*39* Rudolphe Toepffer, Institut Spaessig, wo die Methode herrscht, den Unterricht spielend beizubringen, Radierung, um 1830, aus: Rudolphe Toepffer, Collections des histoires en estampes, Bd. II, 5. Aufl., Genf 1846, Taf. 76

*40* Thomas Rowlandson, The Schoolmaster, Radierung, 1814, aus: Robert R. Wark, Rowlandson's Drawings for the English Dance of Death, San Marino 1966, S. 147

*41* M. Egerton (?), YOUNG SQUIRE gets FERRUL'D for neglecting his STUDIES, Aqutinta-Radierung, 1821, im Besitz des Verfassers

*42* George Cruikshank (?), Prügelszene in einem ländlichen Klassenzimmer in England, Öl auf Leinwand, um 1830, in Privatbesitz

*43* Anonym, Pädagogik, Holzstich, aus: Fliegende Blätter 1844, S. 132

*44* Franz Wieschebrink, Pädagogik, Holzstich, aus: Düsseldorfer Monatshefte 1847, S. 123

*45* Anonym, Holzstich, um 1850, aus: P. Monroe, Founding of the American Schoolsystem, New York 1940, Abb. 38

*46* Johann Heinrich Ramberg, Ein Educations Rath, Kohlezeichnung, um 1825, aus: Franziska Forster-Hahn, Johann Heinrich Ramberg als Karikaturist und Satiriker, in: Hannoversche Geschichtsblätter 1963, S. 110

*47* Anonym, Aus einem Knaben-Erziehungs-Institute, Holzstich, aus: Fliegende Blätter 1861 I, S. 53

*48* Anonym, Die Vossische Zeitung vom 6. Juli behauptet »mit Recht« in Bezug auf die Schul-Regulative . . ., Holzstich, aus: Kladderadatsch 1855, S. 132

*49* v. Mühler, Ausübung der sächsischen Schulregulative in Großenhain, Holzstich, aus: Kladderadatsch 1870, S. 11

*50* Adolf Oberländer, Raffiniert, aus: Fliegende Blätter 1904 II, S. 174

*51* August Geigenberger, Pädagogik, aus: Jugend 1907 II, S. 1174

*52* Anonym, Frage, Holzstich, aus: Oettinger's Charivari 22. Juni 1848

*53* Henry (Ricardo) Richter, Picture of Youth, Or: The School in an Uproar, Aquatinta-Radierung, 1824, im Besitz des Verfassers

*54* W. French, A Village School. Eine niederländ. Schule, Kupferstich nach einem Gemälde von W. H. Schmidt, um 1830, im Besitz des Verfassers

*55* Honoré Daumier, Wie man ein großer Mathematiker wird, Lithographie, aus: Charivari 15. Dezember 1845

*56* Honoré Daumier, Warte nur, den Schulmeister zeige ich dir schon!, Lithographie, aus: Charivari 26. Januar 1846

*57* Honoré Daumier, Wie man sieht, bewirkt der Karzer nicht gerade die besten Ergebnisse, Lithographie, aus: Charivari 23. März 1845

*58* Gustave Doré, Ruheloser Pauker, dem es schon seit einer Woche nicht mehr gelungen ist, eine Strafarbeit zu verteilen, Holzstich, aus: Le Petit Journal Pour Rire 1861/306, S. 4

*59* Wilhelm Busch, Lehrer Lämpel, aus: Wilhelm Busch, Max und Moritz, München 1865

*60* Wilhelm Busch, Lehrer Bötel, aus: Wilhelm Busch, Maler Klecksel, Leipzig 1884

*61* Anonym, Verschiedenartige Lehrmethode, Holzstich, aus: Leuchtkugeln 1848, S. 176

*62* Anonym, Zweifelhaftes Compliment, Holzstich, aus: Fliegende Blätter 1853 II, S. 173

*63* James Gillray, Westminster School, Kupferstich, 1785, aus: Draper Hill, The Satirical Etchings of James Gillray, New York 1976, Taf. 9

*64* Cham, Die Klasse des Monsieur Dupin, Lithographie, aus: Charivari 22. Juli 1850

*65* Wilhelm Scholz, Sonntagsschule, Holzstich, aus: Kladderadatsch 1883, S. 232

*66* Alfred le Petit, Haltungslektion, Lithographie, aus: Le Grelot 18. April 1875

*67* André Gill, Strafarbeit, Lithographie, aus: L'éclipse, 26. März 1876

*68* G. (?), Nieder mit dem Militarismus, aus: Ulk 1907

*69* Anonym, Battle of the Alphabet, Holzstich, aus: Punch 1843, S. 27

*70* Anonym, Dienst und Gegendienst, Holzstich, aus: Beiblatt zum Kladderadatsch 1872

*71* Wilhelm Scholz, Was im Herrgottschnitzer von Oberammergau nicht vorkommt, Holzstich, aus: Beiblatt zum Kadderadatsch 1880

*72* Franz Jüttner, Pädagogische Zwillinge, Holzstich, aus: Beiblatt zum Kladderadatsch 1889

*73* Anonym, Bescheidene Wünsche, Holzstich, aus: Kladderadatsch 1887, S. 172

*74* Th. Th. Heine, Münchner Volksschulen, aus: Simplicissimus 1902, S. 116

*75* Henry Bing, Unverschämtheit, aus: Jugend 1906, S. 796

*76* J. B. Engl, Aus der Schule, aus: Simplicissimus 1904, S. 268

*77* Alfred Frank, Protestiert gegen die Verpfaffung der Schule!, zweifarbiger Plakatdruck, um 1923, aus: Herrmann Wäscher, Das deutsche illustrierte Flugblatt, Leipzig 1956, Bd. 2, Taf. 96

*78* W. Steinert, Die konfessionelle Schule, aus: Ulk 1925

*79* Wilhelm Schulz, Das bayrische Konkordat, aus: Simplicissimus 1924

*80* Th. Th. Heine, Übers Grab hinaus!, aus: Simplicissimus 1928

*81.* Th. Th. Heine, Konkordat in Preußen – Geistliche und weltliche Erziehung, aus: Simplicissimus 1929

*82* I. F. Boehmer, Hier ist zu schaun die Historia fein, vom Pastor und vom Schulmeisterlein, Lithographie, um 1845, aus: Wäscher, Das deutsche illustrierte Flugblatt, Bd. 2, Taf. 28

*83* Wilhelm Scholz, Dringende Bitte, Holzstich, aus: Kladderadatsch 1868, S. 16

*84* Anonym, Stoßseufzer eines preußischen Schullehrers, Holzstich, aus: Kladderadatsch 1865, S. 56

*85* Anonym, Lehrers Erdenwallen, Holzstich, aus: Kladderadatsch 1868, S. 208

*86* Ludwig Bechstein, Umgesattelt, Holzstich, aus: Fliegende Blätter 1878 I, Supplement

*87* Adolf Oberländer, Holzstich, 1892, aus: Georg Herrmann, Die deutsche Karikatur im 19. Jahrhundert, Bielefeld, Leipzig 1901, S. 84–85

*88* Franz Jüttner, Gehaltszulage in Sicht, Holzstich, aus: Beiblatt zum Kladderadatsch 1889

*89* Max Engert, Der Brodkorb, Lithographie, aus: Süddeutscher Postillon 1896/14

*90* Anonym, aus: Der Wahre Jacob 1902, S. 3773

*91* H. G. Jentzsch, Kulturbild aus Ostelbien, aus: Der Wahre Jacob 1902, S. 3766

*92* Eduard Thöny, Aus Ostpreußen, aus: Simplicissimus 1905, S. 594

*93* Rudolf Wilke, Unglaublich, aus: Simplicissimus 1902, S. 261

*94* Emil Preetorius, Humanistisches Gymnasium, aus: Simplicissimus 1908, S. 337

*95* Ferdinand von Reznicek, Die Professorstochter, aus: Simplicissimus 1905, S. 29

*96* Olaf Gulbransson, Der Mörder, aus: Simplicissimus 1904, S. 63

*97* Rudolf Wilke, Gymnasiallehrer, aus: Simplicissimus 1907, S. 57

*98* Th. Th. Heine, Der Herr Oberlehrer in den Bergen, aus: Simplicissimus 1903, S. 172

*99* Max Flashar, Fragmentarisches Vorbild, aus: Fliegende Blätter 1906 I, S. 28

*100* Anonym, Werbeanzeige, aus: Simplicissimus 1905, S. 263

*101* Rudolf Wilke, Völkische Erinnerung, aus: Simplicissimus 1902, S. 189

*102* E. Bahr, Ländlich sittlich, aus: Fliegende Blätter 1904 II, S. 55–56

*103* Anonym, Studt bringt den polnischen Kindern das deutsche Vaterunser bei, aus: Beilage zum Wahren Jacob 1906, S. 5265

*104* Anonym, In Ostelbiens Volksschulen, aus: Der Wahre Jacob 1908, S. 5750

*105* Anonym, Holzstich, aus: Anonym, Der preußische Unterofficier und der Landschullehrer, 1844

*106* Anonym, Rekrutenbelehrung, Lithographie, aus: Der Wahre Jacob 1893, S. 1580

*107* Anonym, Instruktionsstunde, Lithographie, aus: ebenda

*108* Anonym, Zur neuen Schulordnung, Holzstich, aus: Fliegende Blätter 1881 I, S. 67

*109* Kurt Halbritter, aus: Pardon 1967/5, S. 14

*110* Johann Rudolf Schellenberg, Schweigende Ergebung, aus: Johann Rudolf Schellenberg, Freund Heins Erscheinungen in Holbeins Manier, Winthertur 1785, nach S. 143

*111* Conrad Martin Metz, School, Kupferstich, 1810, im Besitz des Verfassers

*112* Grandville, Holzstich, aus: Bilder aus dem Staats- und Familienleben der Tiere, 1842, S. 121

*113* H. Albrecht, Die couragierte Lehrerin, Holzstich, aus: Fliegende Blätter 1884 II, S. 68

*114* Eduard Thöny, Weibliche Beamte, aus: Simplicissimus 1905, S. 447

*115* Th. Th. Heine, Religiöse Erziehung, aus: Simplicissimus 1903, S. 236

*116* Erich Schilling, Die Parteien zeigen ihre Mannequins, aus: Simplicissimus 1928, S. 55

*117* Kurt Halbritter, aus: Pardon 1965/12, S. 19

*118* Paul Simmel, aus: Neues Paul-Simmel-Album, Stuttgart 1934

*119* Johannes Hickel, 1. Traum: Unser sinnliches Fräulein, aus: Hickel, Sanfter Schrecken, 1980

*120* Bruno Paul, Das weiß Gott!, aus: Simplicissimus 1906

*121* Th. Th. Heine, Der Hund des Pädagogen, aus: Simplicissimus 1906, S. 358

*122* Oskar Zwintscher, Macht der Gewohnheit, aus: Meggendorfer Blätter 1906/796, S. 150

*123* Volker Ernsting, aus: Pardon 1964/7, S. 12

*124* Kurt Halbritter, aus: Pardon 1967/5, S. 10

*125* Peter Gaymann, Der Moralprediger, nach der Originalzeichnung, 1981

*126* Honoré Daumier, Professeurs et Moutards, aus: Charivari 30. Januar 1846

*127* Gustave Doré, Holzstich, um 1860, aus: Gabriele Forberg, Günter Metken (Hg.), Gustave Doré. Das graphische Werk, München 1975, Bd. 1, S. 263

*128* Lothar Meggendorfer, Aus der Dorfschule, Holzstich, aus: Fliegende Blätter 1881 II, S. 101

*129* Blix, um 1904, aus: Hans Err (Hg.), Echt Schule!!, Hannover 1981, S. 125

*130* Th. Th. Heine, Rekord auf englischen und deutschen Schulen, aus: Simplicissimus 1908, S. 221

*131* Erich Schilling, Pädagogik, aus: Simplicissimus 1908, S. 81

*132* Paul Rieth, Nobel, aus: Jugend 1906, S. 1088

*133* Bruno Paul, Der Gymnasiast, aus: Simplicissimus 1902, S. 165

*134* Jean-Jaques Sempé, Wie sag ich's meinen Kindern?, Zürich: Diogenes 1960

*135* Charles M. Schulz, Peanuts für Jedermann, Wiesbaden 1979

*136* Johannes Hickel, Strebsamer Schüler, aus: Hickel, Sanfter Schrecken, 1980

*137* Anonym, Vom Kriegsgeschäft, aus: Simplicissimus 1916, S. 499

*138* E. W. Silber, aus: Ulk 1915/41

*139* Harry Jäger (?), Der kleine Werber, aus: Ulk 1917/41

*140* Fritz Wolff, Schulreform, aus: Ulk 1918/48

*141* Fritz Wolff, Die Schule der Republik, aus: Ulk 1922/14

*142* Fritz Wolff, Lieber Onkel Haenisch!, aus: Ulk 1918/51

*143* R. Grieß, Drohung, aus: Simplicissimus 1918, S. 471

*144* A. Kraska, Volkserzieher, aus: Ulk 1920/24

*145* Fritz Wolff, Marschlied, aus: Ulk 1920/14–15

*146* Alois Florath, Der Schultyrann, aus: Der Wahre Jacob 1923, S. 110

*147* Wilhelm Schulz, Kommunistischer Schulstreik, aus: Simplicissimus 1930

*148* Th. Th. Heine, Fall Maldaque, aus: Simplicissimus 1930, S. 286

*149* Olaf Gulbransson, Volk ohne Raum, aus: Simplicissimus 1926, S. 705

*150* Erich Schilling, Prophezeiungen für das neue Jahr, aus: Simplicissimus 1931, S. 465

*151* Wilhelm Schulz, Die abgebauten Junglehrer, aus: Simplicissimus 1931

*152* Alois Florath, An Deutschlands höheren Schulen, aus: Ulk 1920/45

*153* P. Schondorff, Entwicklungsgeschichte, aus: Simplicissimus 1924, S. 332

*154* Rudolf Wilke, Pädagogik, aus: Simplicissimus 1906, S. 39

*155* Lothar Reiz, Rapport, aus: Der Wahre Jacob 1929, S. 7

*156* Anonym, Bolschewistischer Geographie-Unterricht, aus: Brennessel 1936

*157* Vicky, Um-Erziehung in Deutschland, aus: Der Spiegel 1947/7, S. 2

*158* Arno Ploog, aus: Pardon 1966/6, S. 25

*159* R. (?), aus: Simplicissimus 1960, S. 231

*160* G. Hentrich, Arbeit nehmen ist seliger denn geben, aus: Simplicissimus 1961, S. 93

*161* Horst Haitzinger, aus: Der Spiegel 1975/22, S. 60

*162* Ernst Böse, Erziehungsziel Studienplatz, nach der Originalzeichnung, 1979

*163* Jupp Wolter, Numerus Clausus, nach der Originalzeichnung, 1975

*164* Horst Haitzinger, nach der Originalzeichnung, 1980

*165* Anonym, Kupferstich, aus: Joachim Heinrich Campe, Vaeterlicher Rath für meine Tochter, Braunschweig 1789, Titel

*166* Jupp Wolter, aus: Brigitte 1981/22, S. 204

*167* Max und Moritz, Der Schüler wird zum Sinn des Lebens bekehrt, Fotographie von D. Kerbs, aus: Kunst und Unterricht Sonderheft 1981, S. 139

*168* Anonym, Holzstich, aus: Kladderadatsch 1875, S. 56

*169* Gerhard Seyfried, Wo soll das alles enden?, Berlin 1978, S. 68

*170* Anonym, Wirbelsäule eines Lehramtsbewerbers, aus: Lehrerzeitung für Baden-Württemberg 1977/5, S. 106

*171* Anonym, Linker Lehrer, Straßenkehrer!, aus: Erziehung und Wissenschaft 1976/11, S. 31

*172* Markus, Wir fordern: Berufsverbot für Studienrat Niemeyer, aus: Stern 1980/47, S. 13

*173* F. W. Bernstein, aus: Zeitschrift für Kunstpädagogik 1981/4, S. 42–43

*174* Horst Haitzinger, aus: Der Spiegel 1976

*175* E. Heidemann, Alptraum, aus: Erziehung und Wissenschaft 1977/5, S. 48

*176* Peter Gaymann, nach der Originalzeichnung, 1981

*177* Hans Traxler, Traumberuf, Plakat der Gewerkschaft Erziehung und Wissenschaft, 1979

*178* Horst Haitzinger, Sind die Lehrer faul?, aus: Der Spiegel 1979/14

*179* Kurt Halbritter, Demonstration einer Schülergewerkschaft, aus: Pardon 1967/5, S. 13

*180* Alfred Karch, Bernd Geiger, Bernhard Schuster, Schule wohin?, aus: Pardon 1967/7, S. 35

*181* Ebenda, S. 36

*182* Chlodwig Poth, Mein progressiver Alltag, Reinbek 1975

*183* Marie Marcks, Bildungsgesamtplan, 1971, aus: Marie Marcks, Karikaturen Retrospektive, Heidelberger Kunstverein 1982, S. 35

*184* Fritz Wolf, Am Totempfahl der Bildungspolitik, aus: Der Spiegel 1978/3, S. 48

*185* W. Hanel, Schulreform. Die ewig Unvollendete, aus: Der Spiegel 1978/18

*186* Markus, Konferenz der Kultusminister, aus: Stern 1979/44, S. 227

*187* Ernst Böse, aus: Lehrerzeitung für Baden-Württemberg 1980/3

*188* BU (?), Gesamtschule, aus: Lehrerzeitung für Baden-Württemberg 1976/22, S. 477

*189* Marie Marcks, Krümm dich beizeiten!, 1978, S. 35

*190* Johannes Hickel, Vergessener Schüler, aus: Sanfter Schrecken, 1980, S.